Ute Hatlappa

Wahrnehmungs-Spiele

Inhalt

Vorwort – Spielend durch die Sinne 8

Von Katzenpfötchen, Samt und Schleifpapier
Spiele zum Tasten und Berühren
(der Tastsinn) 10

Dreh mich, bis ich umfall
Spiele mit dem Gleichgewicht
(der Gleichgewichtssinn) 16

Ich fühl mich jetzt ganz schwer an
Spiele zu Körper- und Bewegungsempfindungen
(der Bewegungs-, Kraft- und Stellungssinn) .. 22

Was heißt hier lecker? – Geschmack ist verschieden!
Spiele zum Schmecken
(der Geschmackssinn) 28

Immer der Nase nach
Spiele zum Riechen
(der Geruchssinn) 34

Stille hören – ich bin ganz Ohr
Spiele zum Hören
(der Hörsinn) 40

Ich sehe was, was du nicht siehst
Spiele zum Sehen
(der Sehsinn) 46

Sinnesprojekte im Kindergarten 52

Du und ich und alle zusammen
Spiele für die Entwicklung der sozialen
Wahrnehmung 54

Schwierige Wahrnehmungsentwicklung .. 56

**Bücher zum Weiterlesen und
nützliche Adressen** 58

Vorwort

Spielend durch die Sinne

Die Förderung der Wahrnehmungsentwicklung ist immer eine ganzheitliche und kommt der Gesamtpersönlichkeit des Kindes zugute.

Dass sie wieder verstärkt in den Blickpunkt elementarer Erziehung gerät, liegt zum einen an den Auswirkungen unserer zunehmend technisierten Welt, mit der auch eine veränderte Kindheit einhergeht.

Zum anderen wird der Lebens- und Erfahrungsraum von Kindern rigoros eingeschränkt. Die Bebauung wird immer dichter. Noch bestehende kleine Grünflächen vor den Wohnhäusern werden häufig mit einem Spielverbot für Kinder belegt. Obendrein stellt die Verkehrsdichte ein hohes Gefährdungspotential dar. Wo können Kinder heute noch unbekümmert ihre Umwelt erkunden?

Natur und Umwelt werden deshalb oft nur noch aus zweiter Hand über Fernsehen, Video, Computer, Bücher und andere Medien erlebt. Kinder „begreifen" Dinge nicht mehr wirklich, bewegen sich immer weniger. Wie viele Kinder laufen heute wirklich noch barfuß über eine Wiese oder durch Matsch, balancieren auf Baumstämmen oder springen in Heuhaufen?

Vielen Kindern fehlen heute grundlegende sinnliche Erfahrungsmomente, die ihre Wahrnehmungsentwicklung anregen. Schon im Kindergarten macht sich das bemerkbar, und zwar viel unmittelbarer als in allen anderen Institutionen des gesamten Bildungssystems.

Immer mehr Kindergartenkinder sind unruhig, unkonzentriert, unausgeglichen, haben sprachliche Beeinträchtigungen oder sind auffällig in ihrer Grob- und Feinmotorik. Erzieherinnen und Erzieher, die damit konfrontiert sind, fragen sich, wie sie Entwicklungsdefizite ausgleichen und Kinder in ihrer Wahrnehmungsentwicklung unterstützen können. Sie suchen praxisnahe Anregungen, die leicht in den Kindergartenalltag zu integrieren sind. Das kindliche Spiel bietet sich geradezu dafür an.

Kindliche Wahrnehmungsfähigkeit entwickelt sich über den Gebrauch der Sinne, über spielerisches Tun und die aktive Auseinandersetzung mit der Umwelt.

Spiele liefern die Basis für grundlegende Wahrnehmungserlebnisse. Im Spiel und in der Bewegung ist das Kind aktiv und macht auf unmittelbare Weise seine ganz eigenen, subjektiven Erfahrungen. Lustvolle Selbsttätigkeit ist für die Entwicklung der Sinne von großer Bedeutung.

Bewegung, Riechen, Hören, Schmecken, Tasten, Fühlen, Sehen, das sind die Antennen, über die im Spiel Kontakt mit der Umwelt aufgenommen wird. Bewegungsaktivitäten fördern das Zusammenspiel der Sinne. In jedem Spiel sind viele Wahrnehmungsleistungen beteiligt. Oft überwiegt ein Bereich. Die Spielanregungen in diesem Buch sind deshalb den unterschiedlichen Sinnessystemen zugeordnet.

Alle vorgeschlagenen Spiele regen die Wahrnehmungsentwicklung an und fördern sie in wesentlichen Bereichen. Es gibt Spiele für kleine und große Gruppen, für drinnen und draußen, für kleine und größere Kinder.

Wie lange ein Spiel dauert, hängt von der Befindlichkeit der Kinder, der Spielsituation und der Größe der Gruppe ab. An manchen Tagen werden Spiele ausdauernd über einen langen Zeitraum gespielt, an anderen Tagen dauert dasselbe Spiel vielleicht nur fünf Minuten.

Die angegebene Spieldauer ist deshalb nur als Orientierungsrahmen zu verstehen.

Je vielfältiger die Erfahrungen sind, die ein Kind macht, desto sicherer kann es den Herausforderungen seiner Umwelt begegnen.

Dabei erleichtert ein gut funktionierendes Wahrnehmungssystem dem Kind die Auseinandersetzung mit der Welt.

Kinder mit gestörter Wahrnehmungsentwicklung brauchen Hilfe. Spielerische Anregungen, wie sie der Kindergarten geben kann, reichen hier nicht mehr aus. Erzieherinnen und Erzieher sollten deshalb bei entsprechenden Beobachtungen Eltern auf mögliche Schwierigkeiten in der Wahrnehmungsentwicklung ihrer Kinder aufmerksam machen und auf hilfreiche Einrichtungen zur Diagnostik verweisen.

Entsprechende Adressen sind im Anhang aufgeführt.

Von Katzenpfötchen, Samt und Schleifpapier
Spiele zum Tasten und Berühren (der Tastsinn)

Viele Empfindungen nehmen wir über die Haut wahr. Dabei ist über die Haut der Tastsinn einerseits aktiv erkundend, indem wir Gegenstände befühlen und dabei z. B. bemerken, ob sie hart oder weich, rund oder eckig sind. Andererseits ist der Tastsinn aber auch „passiv" wahrnehmend, wenn die Haut selbst berührt wird. Wir unterscheiden sehr genau, ob wir gestreichelt, gezwickt oder gerubbelt werden.

Der Tastsinn unterteilt sich in die Bereiche:
- Berührungswahrnehmung,
- Erkundungswahrnehmung,
- Temperaturwahrnehmung,
- Schmerzwahrnehmung.

Spiele zur Wahrnehmungsförderung sollten vielfältige Anregungen in den ersten drei Bereichen ermöglichen, denn der Tastsinn vermittelt uns wichtige Informationen über die Welt.

Tipp
Die Rolle des Spielleiters können auch schon kleinere Kinder übernehmen. Begrenzen Sie draußen das Spielfeld.

Schnell-Fühler
Aktionsspiel, Klein- bis Großgruppe, für alle Altersstufen geeignet, drinnen und draußen zu spielen
Material: keines
Spieldauer: 5–10 Minuten

Das Spiel fördert die taktile Wahrnehmung, erfordert aber auch auditive Fähigkeiten.

Die Kinder stehen in der Mitte des Raumes oder des Spielfeldes. Der Spielleiter ruft zum Beispiel: „Berührt etwas Weiches (Hartes, Rundes, Eckiges, Glattes, Raues)." Nun laufen alle los, suchen nach einem entsprechenden Gegenstand, bleiben dort stehen und berühren ihn. Auf Kommando geht es wieder zurück in die Mitte und die nächste Runde beginnt.
Variation: Die Kinder berühren die Dinge mit den Füßen oder anderen Körperteilen.

Fundort „Wald"
Ruhiges Spiel für die ganze Gruppe oder Teilgruppen, alle Altersstufen.
Auf der Wiese oder im Gruppenraum zu spielen.
Material: Fundstücke vom Waldspaziergang – kleine Stöckchen, verschiedene Zapfen, Rindenstücke, Blätter, Moos, Walderde …, Decke oder Tuch, Spielsachen wie Ball, Schaufel, kleine Autos …
Spieldauer: 15–20 Minuten

Vor dem Spiel werden alle Fundstücke betrachtet und befühlt und die Herkunft bestimmt. Dann werden sie unter einem Tuch ausgebreitet. Jetzt befinden sich aber auch Gegenstände darunter, die nicht aus dem Wald stammen. Wer findet sie heraus?

Variation: Spielen Sie das Spiel mit Küchen- oder Badeutensilien oder mit Werkzeugen und Spielsachen.

Tipp
Lassen Sie die Kinder auch einmal Vermutungen darüber anstellen, wie die Dinge sich wohl anfühlen, bevor sie sie anfassen.
Vergleichen Sie hinterher die Wahrnehmungen, fühlt sich alles Weiche gleich an?
Weiche Erde und weiches Moos – was mag ich lieber anfassen?

Detektiv „tastende Hand"
Ruhiges Spiel, Kleingruppe 6–10 Kinder, für alle Altersstufen geeignet
Je jünger die Kinder sind, desto weniger Mitspieler und desto einfacher sollten die Gegenstände sein.
Material: je Kind ein Gegenstand, zum Beispiel eine kleine Flasche, einen Teddy, ein Spielzeugauto
Spieldauer: 10–20 Minuten

Das Spiel fördert die taktile Wahrnehmung über die Hände. Es ist besonders wirksam, wenn die Augen geschlossen oder verbunden werden.

Der blinde Detektiv „tastende Hand" hat den Auftrag, einen Gegenstand zu bewachen, zum Beispiel das Spielzeugauto. Er darf es ausgiebig befühlen. Dann setzt er sich auf einen Stuhl. Das Auto liegt vor ihm auf dem Fußboden. Alle anderen Kinder haben einen Gegenstand in der Hand, bis auf eines. Dieses Kind schleicht sich an und entwendet das Auto. „Assistent Auge", der Helfer des Detektivs, verhaftet alle Kinder und stellt sie im Kreis auf. „Tastende Hand" befühlt nun alle Gegenstände der Mitspieler und findet so den Dieb heraus.

Sollten die Detektive Schwierigkeiten haben, kann es hilfreich sein, sie vor dem Spiel den einen Gegenstand oder alle Gegenstände auch anschauen zu lassen. Gefühlt wird immer nur der zu bewachende Gegenstand – mit geschlossenen Augen!

Variation für ältere Kinder:
„Assistent Auge" weiß nicht, welcher Gegenstand gestohlen wurde. „Tastende Hand" beschreibt ihm, was er gefühlt hat. „Assistent Auge" schaut die Gegenstände der Mitspieler genau an und versucht herauszufinden, auf welchen die Beschreibung passt.

„Blind sortieren"

Ruhiges Spiel, Kleingruppe bis 10 Kinder, für alle Altersstufen geeignet
Je jünger die Kinder sind, desto weniger Mitspieler und desto einfacher sollten die Aufgaben sein.
Material: keines
Spieldauer: 10–15 Minuten

Das Spiel fördert in besonderer Weise die taktile und die soziale Wahrnehmung, dadurch dass die anderen Kinder behutsam berührt werden und sich berühren lassen.

Die Kinder stehen in einer Gruppe zusammen. Ein Kind ist der „blinde Sortierer". Er erhält die Aufgabe, mit geschlossenen oder verbundenen Augen die Mitspielerinnen und Mitspieler nach der Körpergröße nebeneinander aufzustellen (Haarlänge, Größe der Füße, der Hände ...). Dazu muss er sie in die richtige Reihenfolge bringen und natürlich immer wieder prüfen, ob die Größenordnung noch stimmt. Sein sehender Assistent präsentiert ihm jeweils ein Kind, das in die Reihe einsortiert werden muss. Die anderen Kinder verhalten sich ruhig und verraten nicht, wenn die Reihenfolge nicht stimmt. Am Ende überprüft der „Sortierer" mit offenen Augen sein Werk.

Tipp
Zeigen Sie den Kindern vorher, wie man jemanden behutsam anfasst und klären Sie, ob ein Kind sich vielleicht nicht anfassen lassen mag. Respektieren Sie es.

Variation: Die Gruppe erhält die Aufgabe, sich selbst nach Größe oder anderen Kriterien aufzustellen.

Ein lebhaftes, kommunikatives Spiel, das nicht vorrangig den taktilen Bereich fördert, sondern eher den visuellen, aber meist mit Berührungen verbunden ist.

Stoffabteilung

Fühlmemory 1
Ruhiges Spiel für einzelne Kinder oder Kleingruppen, alle Altersgruppen
Material: Stoffreste in gleicher Größe, Pappe oder Pappkarton, Tuch zum Abdecken
Spieldauer: 5–10 Minuten

In diesem Spiel können Kinder die unterschiedliche Beschaffenheit von Stoffen ganz bewusst wahrnehmen.

Stellen Sie ein Fühlmemory her, indem Sie die Stoffreste auf annähernd gleiche Größe zuschneiden und jedes Stück auf Pappkarton kleben. Die Stücke sollten so groß sein, dass die ganze Hand aufgelegt werden kann. Jede Stoffkarte ist zweimal vorhanden. Die Kinder erfühlen mit geschlossenen Augen die Paare, die zusammengehören.

Fühlmemory 2
Bekleben Sie einen größeren Pappkarton von innen mit unterschiedlichen Stoffresten. Decken Sie den Karton mit einem Tuch ab, das ein Eingriffsloch für die Hand hat. Füllen Sie eine kleine Kiste mit identischen Stoffresten. Die Kinder suchen sich einen Stoff aus der Restekiste aus und versuchen, das Gegenstück im Karton zu finden.

Fußmemory
Ruhiges Spiel für ein Kind oder Teilgruppen
Material: je zwei gleich beklebte Teppichfliesen (Pappe, Fell, Stoff, Sägespäne, Büroklammern, Moos, Baumrinde, Sand, kleine Kiesel ...)
Spieldauer: 10 Minuten

Die Fliesen werden wie beim Memory ausgelegt. Ein Kind geht mit geschlossenen Augen von Fliese zu Fliese und versucht, ein Paar zu finden. Ein Helfer führt es an der Hand. Das Spiel fördert die taktile Wahrnehmung über die Füße.

Variation: Ein Kind fühlt mit geschlossenen oder verbundenen Augen eine Fliese mit den Händen und versucht nun, das passende Gegenstück mit den Füßen zu ertasten.

Tipp
Das Spielfeld sollte bei kleineren Kindern nicht zu groß sein, damit die Kinder mit gegrätschten Beinen auf den entsprechenden Fliesen stehen können. Das erleichtert den Vergleich und das Herausfinden.

Sandwich

Fröhliches Spiel für die ganze Gruppe, alle Altersstufen
Turnhalle oder Kuschelecke
Material: 2 Turnmatten oder Matratzen
Spieldauer: 10–15 Minuten

Ein Kind legt sich bäuchlings auf eine Matte. Vorsichtig wird es mit der zweiten Matte zugedeckt. Die anderen Kinder bilden einen Kreis um die Matten herum und üben mit den Händen einen leichten Druck auf die obere Matte aus. Das „Sandwichkind" darf sich wünschen, wie stark der Druck sein soll.

Das Spiel fördert den Bereich der Berührungswahrnehmung.

Variation: Ein Kind ist in eine Wolldecke oder ein weiches Laken eingehüllt. Das Kind bestimmt jeweils, was die anderen Kinder machen sollen: streicheln, massieren, sanftes Klopfen oder Trommeln mit den Fingern. Die Berührungsimpulse lösen ein allgemeines Wohlbefinden aus.

Heute ist Wuscheltag

Fangspiel für die ganze Gruppe oder Teilgruppen, alle Altersgruppen
Material: keines
Spieldauer: 5–10 Minuten

Das Spiel fördert die Erkundungswahrnehmung, die Berührungswahrnehmung und die soziale Wahrnehmung.

Die Kinder sitzen oder stehen im Kreis. Ein Kind geht außen um den Kreis herum, tippt einen Mitspieler an und ruft: „Heute ist Wuscheltag." Das angetippte Kind versucht den „Tipper" zu fangen, bevor dieser es schafft, den frei gewordenen Platz einzunehmen. Wird er vorher gefangen, darf der Fänger sanft dessen Haare durchwuscheln. Wird er nicht gefangen, übernimmt das getippte Kind seine Rolle.

Tipp
Einige Kinder sind manchmal etwas grob, wenn sie Mitspieler berühren. Besprechen und erproben Sie vor Berührungsspielen, wie sich behutsame Berührungen anfühlen und wie sie durchgeführt werden.

Waschstraße

Lustiges Spiel für die ganze Gruppe, alle Altersgruppen
Material: unterschiedliche Bürsten und Schwämme
Spieldauer: 10 Minuten

Das Spiel fördert die taktile Wahrnehmung des ganzen Körpers (Berührungswahrnehmung) und die soziale Wahrnehmung der „Bürstenkinder", denn diese sollten sich in ihrem Verhalten auf das Wohlbefinden des Kindes, das gewaschen wird, einstellen.

Die Kinder ... n sich paarweise gegenüber auf und bilden eine G... , die Waschstraße. Jedes Kind hat eine Bürste oder e... en Schwamm. Am Beginn der Waschstraße stehen die „groben" Bürsten, am Ende die weichen Schwämme. Das „Autokind" geht nun langsam durch die Waschstraße und wird dabei kräftig gebürstet und gerubbelt. Wer mag, darf dabei auch den Pullover ausziehen.

Vorsicht „heiß"
Ruhiges Spiel für Teilgruppen, alle Altersgruppen
Material: drei kleine Eimer mit unterschiedlich warmem Wasser, Handtücher
Spieldauer: 10–15 Minuten

Füllen Sie die Eimer mit unterschiedlich warmem Wasser. Die Kinder halten ihre Hände, wer mag, auch die Unterarme, nacheinander in die drei Eimer, stellen die Eimer in der Reihenfolge von kalt nach warm auf und beschreiben jeweils, was sie fühlen, warm wie mein Badewasser, wie kalter Tee …

Tipp
Kontrollieren Sie vor dem Spiel, dass das Wasser nicht zu heiß ist. Lassen Sie die Kinder sich nach jedem Befühlen die Hände abtrocknen. Stellen Sie die Eimer immer wieder in einer anderen Reihenfolge auf.

Variation: Die Kinder erfühlen mit den Füßen die Temperatur des Wassers.

Tipp
Halten Sie das Wasser auf annähernd gleicher Temperatur und lassen Sie die Kinder vergleichen, ob sie die Temperaturen mit Händen und Füßen gleich wahrnehmen.

Kalte Zunge
Ruhiges Spiel für die ganze Gruppe, alle Altersstufen
Material: kleine Schälchen mit unterschiedlich kalten Lebensmitteln (Pudding, Eis …)
Spieldauer: 15–20 Minuten

Jedes Kind erhält eine kleine Kostprobe der Lebensmittel. Es schließt die Augen und nimmt bewusst die unterschiedlichen Temperaturen auf der Zunge wahr.

Tipp
Führen Sie mit den Kindern ein Gespräch darüber, wo sie im Mund und auf der Zunge die Temperaturen besonders wahrnehmen.

Heizkissen
Ruhiges Spiel für kleine Gruppen, drinnen und draußen zu spielen
Material: weiche Unterlage
Spieldauer: 10–20 Minuten

Ein Kind legt sich bäuchlings auf eine weiche Unterlage und schließt die Augen. Die anderen Kinder knien drumherum. Das liegende Kind sagt an, an welcher Stelle das Heizkissen liegen soll: Rücken, Po, Oberschenkel … Die anderen Kinder legen ihre Handflächen auf. Das liegende Kind spürt die Wärme, die von den Handflächen ausgeht und bestimmt: Heizkissen aus, Heizkissen an. Dabei hat es Gelegenheit, die Unterschiede bewusst wahrzunehmen. Sagt es: „Stecker raus", ist es genug.

Dreh mich, bis ich umfall
Spiele mit dem Gleichgewicht (der Gleichgewichtssinn)

Der Gleichgewichtssinn liefert uns Informationen über die Schwerkraft, unsere Lage im Raum und die Geschwindigkeit und Richtung bei Bewegungen. Für die Anpassung des Menschen an seine Umwelt sind diese Informationen von großer Bedeutung. Ohne den Gleichgewichtssinn wären wir nicht in der Lage, aufrecht zu gehen und uns im Raum zu orientieren. Geraten wir aus dem Gleichgewicht, zum Beispiel beim Balancieren, löst das Gehirn Gegenbewegungen aus. Wir rudern mit den Armen, um das Gleichgewicht wiederzufinden.
Das Gleichgewichtsorgan befindet sich im Innenohr.

Tipp
Passen Sie das Spielfeld den Bedürfnissen der Kinder an. Manche möchten selbst entscheiden, wie weit sie gerollt werden. Beginnen Sie mit kurzen Entfernungen.

Variation: Dasselbe Spiel mit einem Autoreifen bedeutet die Drehung um eine andere Körperachse.

Tipp für den Gruppenraum: Größere Plastiktonnen, mit Kissen gut ausgepolstert, in die man sich hineinlegen kann, und etwas kleinere Tonnen für Balanceübungen verwenden.

Rohrpost
Aktionsspiel für kleine Gruppen
Material: Kriechtunnel
Spieldauer: 10 Minuten

Auf der einen Seite des Spielfeldes befindet sich das Postamt, auf der gegenüberliegenden Seite der Empfänger.
Ein Kind liegt mit ausgestreckten Armen im Kriechtunnel. Die anderen Kinder rollen es langsam und vorsichtig vom Postamt zum Empfänger.

Inselhüpfen
Aktionsspiel für die ganze Gruppe, drinnen und draußen zu spielen
Material: Zeitungen oder Teppichfliesen
Spieldauer: 15–20 Minuten

Die Kinder müssen während einer Expedition einen reißenden Fluss überqueren. Es gibt keine Brücke, keinen Steg. Aber zum Glück befinden sich kleine Inseln (Zeitungspapier, Teppichfliesen) im Fluss, die man mit einem Sprung erreichen kann. Die Kinder gelangen ans andere Ufer, indem sie von Insel zu Insel hüpfen.

> **Tipp**
> Kinder sind unterschiedlich geschickt im Springen. Achten Sie darauf, dass es für alle möglich ist, die Inseln zu erreichen. Manchmal können ja auch zwei Inseln erreichbar sein, wobei man bei einer dann etwas mehr Sprungkraft braucht. So können die Kinder ihr Gleichgewicht wunderbar trainieren.

Herrscher der lebenden Kreisel

Einzelne Kinder oder die ganze Gruppe, für alle Altersstufen geeignet, gepolsterte Spielfläche oder Wiese
Material: keines
Spieldauer: 10 Minuten

Ein Kind ist der Herrscher der lebenden Kreisel. Es gibt die Kommandos. Die anderen Kinder stehen verteilt auf dem Spielfeld, strecken die Arme seitwärts aus und beginnen langsam sich zu drehen. Nach und nach werden sie immer schneller. Auf Kommando bleiben sie stehen. Die Welt um sie herum dreht sich. Einigen Kindern wird bestimmt schwindelig.

Turmspringen

Spiel im Rahmen eines Parcours oder für einzelne Kinder
Material: Matratzen, weiche Matten zum Bauen und Springen, Kästen/Tische
Spieldauer: 10–15 Minuten

Die Kinder bauen Türme aus den angebotenen Materialien, von denen sie springen.

Variation: Die Kinder nehmen Anlauf, springen auf weiche Matten und landen auf den Beinen oder auf dem Po. Liegen die Matten auf gebohnerten Fußböden, kann man beim Springen herrlich mit der Matte über den Boden schliddern. Achten Sie immer auf einen sicheren Abstand zur Wand!

> **Tipp**
> Wer sich nicht traut, aus dem Stehen zu springen, darf sich hinsetzen und vom Turm rutschen oder sich rückwärts nach unten hangeln.

Huckepack

Partnerspiel, alle Altersgruppen,
im Haus und im Freien zu spielen
Material: keines
Spieldauer: 10 Minuten

Das traditionelle Spiel trainiert wunderbar das Gleichgewicht.

Ein Kind nimmt ein anderes huckepack. Dabei sind verschiedene Spielvarianten möglich, je nach Alter, Kraft und Geschicklichkeit der Kinder.

- Die Kinder laufen als Pferd und Reiter durch den Raum.
- Reitturnier: Die Kinder bewältigen einen Parcours mit leichten Hindernissen, z. B. Slalom um Stühle, Hütchen oder Ähnliches, einen schmalen Bach mit einem großen Schritt überqueren, unter einem niedrigen Ast durchlaufen.
- Reiterkampf (für tollkühne Jungen und Mädchen): Zwei Reiter versuchen sich gegenseitig in der Sandkiste vom „Pferd" zu ziehen.

Hängebrücke

Spiel für ältere Kinder im Freien zu spielen
Material: zwei starke Seile

Die Seile werden so zwischen zwei Bäumen befestigt, dass die Kinder auf einem Seil balancieren und sich gleichzeitig an dem anderen Seil festhalten können.

Zwillinge

Partnerspiel, alle Altersgruppen
Material: keines
Spieldauer: 5–10 Minuten

Zwei Kinder sitzen Rücken an Rücken auf dem Boden und haken sich unter den Armen ein. Die Füße sind leicht seitwärts gestellt, die Fersen dicht am Po. Nun stehen beide Kinder gemeinsam auf. Schaffen sie es auch, sich wieder hinzusetzen?

Tipp
Die Übung funktioniert ganz leicht, wenn die Kinder ihre Rücken fest gegeneinander drücken und sich aufwärts stemmen. Die Spieler sollten gleich groß sein.

Variation für Könner: Gelingt den „Zwillingen" das Aufstehen gut, kommt ein weiteres Kind als „Drilling" hinzu. Können auch „Vierlinge" aufstehen und sich wieder hinsetzen?

Gegenverkehr

Partnerspiel oder Kleingruppe
Material: Balancierbalken, Baumstamm oder Turnbank
Spieldauer: 10 Minuten

Zwei Kinder begegnen sich auf dem Balancierbalken. Kommen sie aneinander vorbei, ohne vom Balken zu fallen?

Variation: Die Kinder lassen beim Balancieren einen Ball auf den Boden prellen und versuchen ihn immer wieder so zu fangen, dass sie nicht aus dem Gleichgewicht geraten.

Variation für Könner:
- Von jeder Seite des Balkens startet eine kleine Gruppe (ohne Ball).
- Auf ein vereinbartes Signal hin bleiben die Kinder stehen und machen einen kleinen Hüpfer.

Schaukeltuch

Material: Wolldecke oder Ähnliches

Zwei Erwachsene schaukeln ein Kind in einem festen Tuch oder einer Wolldecke hin und her.

Variation: Die Kinder schaukeln in einer Hängematte.

Pezzi-Artisten

Einzel- oder Partnerspiel, alle Altersgruppen
Material: pro Kind/Paar ein Pezziball
Spieldauer: individuell

Pezzibälle bieten vielfältige Möglichkeiten, das Gleichgewicht zu erproben.

Ein Kind legt sich auf den Pezziball und versucht, sich mit Armen und Beinen vom Boden zu lösen. Das zweite Kind hält die ausgestreckten Arme des balancierenden Kindes. Das versucht zuerst, die Beine vom Boden zu lösen und auszustrecken und dabei das Gleichgewicht zu halten. Wer kann schon eine Hand loslassen, wer beide Hände?

Variation: Das Kind sitzt auf dem Pezziball und versucht, die Füße vom Boden zu lösen. Wer schafft es, die Beine auszustrecken?

Tipp
Am Anfang kann es eine Erleichterung sein, den Ball zu fixieren, damit er nicht wegrollen kann.

Spiele mit Springseilen

Alle Spiele mit Springseilen fördern das Gleichgewicht.
Einzel-, Partner-, Gruppenspiele, alle Altersgruppen
Material: kleine Springseile, große Seile
Spieldauer: individuell

Seilschlange
Ein Kind bewegt ein kleines Springseil auf dem Boden. Das zweite Kind versucht mit einem Bein draufzutreten oder draufzuhüpfen. Gelingt es, ist das andere Kind an der Reihe.

Zwillingshüpfen
Kinder, die gut Seilspringen können, versuchen mit einem Partner zu springen. Dabei stehen sich die Kinder ganz nahe gegenüber. Ein Kind schlägt das Seil. Beide Kinder versuchen, gleichzeitig zu springen. Gelingt auch das, stellen die Kinder sich so hin, dass sie beim Springen in die gleiche Richtung blicken.

Seilschaukel
Zwei Kinder schwingen ein großes Seil langsam hin und her. Mehrere Kinder stehen nahe am Seil und versuchen zur gleichen Zeit hinüberzuspringen. Nach und nach kommt ein Kind hinzu. Wie groß wird die Springgruppe?

Heut ist Rückwärtstag

Einzel- und Gruppenspiel, alle Altersgruppen
Material: keines
Spieldauer: individuell

Rückwärts gehen und laufen hat sehr viel mit Raumorientierung und einem sicheren Gleichgewichtsgefühl zu tun. Es ist deshalb wichtig, Kindern immer wieder Spiele anzubieten, bei denen sie rückwärts gehen müssen.

Fast jedes Fortbewegungsspiel kann auch im Rückwärtsgang gespielt werden. Besonders schwierig wird es, wenn dabei die Augen geschlossen werden.

Spielideen:
- Verrückte Welt: Alle Kinder legen wie beim Autofahren den Rückwärtsgang ein und bewegen sich rückwärts durch den Raum.
- Die Kinder gehen rückwärts an einer Schnur entlang, an der sie sich festhalten können.
- Die Kinder balancieren rückwärts über eine Turnbank oder einen Balken.
- Die Kinder gehen alle Wege im Gruppenraum fünf Minuten lang nur rückwärts.

- Die Kinder stehen an einer Seite des Spielfeldes/des Raumes, an der gegenüberliegenden Seite steht ein Kind mit geschlossenen oder verbundenen Augen mit dem Rücken zu den anderen Kindern. Mit leisem „Komm, komm" wird es von einem Kind aus der Gruppe gelockt und versucht nun, rückwärts gehend bei diesem Kind anzukommen. (Spieldauer: 10 Minuten)

Einbeinige Künstler
Spiel für alle Altersgruppen
Material: keines
Spieldauer: individuell

Die Kinder stehen in der Sandkiste auf einem Bein und versuchen mit dem freien Fuß einen Kreis in den Sand zu zeichnen. Können sie dabei auch die Augen schließen?

Wippe
Partnerspiel für drinnen und draußen
Material: keines
Spieldauer: individuell

Zwei Kinder sitzen sich gegenüber, pressen ihre Fußsohlen aneinander und fassen sich an den Händen. Beide lehnen sich so weit es geht nach hinten und bewegen ihre Oberkörper vorwärts und rückwärts, indem sie sich abwechselnd nach hinten lehnen und ihren Partner dadurch nach vorne ziehen.

Rollbrettkünstler
Spiele allein, zu zweit, mit der ganzen Gruppe, in der Halle
Material: Rollbretter
Spieldauer: 10–15 Minuten

Rollbretter eignen sich hervorragend zur Stimulation des Gleichgewichts.

Rollbrettauto
Ein Kind sitzt oder kniet auf dem Rollbrett und wird von einem anderen Kind durch den Raum gezogen. Das Kind auf dem Rollbrett bestimmt die Geschwindigkeit, z. B. 1. Gang, 2. Gang, 3. Gang, Rückwärtsgang ...

Güterzug
Die Kinder bilden eine Reihe hintereinander. Jedes Kind legt sich mit dem Bauch auf sein Rollbrett und umfasst mit den Händen die ausgestreckten Beine seines Vordermannes (Fußgelenke). Am ersten Rollbrett wird ein Band befestigt, an dem der ganze „Güterzug" durch die Halle gezogen werden kann. Er fährt geradeaus. Es gibt Linkskurven und Rechtskurven und natürlich ändert sich auch von Zeit zu Zeit die Geschwindigkeit.

Zwei, drei Kinder ziehen gemeinsam den „Güterzug". Wie stark ist die Zugmaschine?

Ich fühl mich jetzt ganz schwer an
Spiele zu Körper- und Bewegungsempfindungen (der Bewegungs-, Kraft- und Stellungssinn)

Berührungen würfeln
Spiel für Teilgruppen oder alle Kinder, drinnen und draußen zu spielen
Material: Würfel
Spieldauer: 10–15 Minuten

Die Kinder sitzen im Kreis auf dem Fußboden. Es wird reihum gewürfelt. Würfelt ein Kind eine 1, streicheln alle Kinder ihren linken Nachbarn. Wird eine 2 gewürfelt, massieren alle Kinder den Rücken ihres linken Nachbarn. Bei einer 6 darf das Kind, das die 6 gewürfelt hat, sich eine Berührungsart aussuchen.

> **Tipp**
> Benutzen Sie einen großen Schaumstoffwürfel zum Würfeln, damit alle Kinder im Kreis die gewürfelte Augenzahl gut erkennen können.

Die kinästhetische Wahrnehmung, der Bewegungs-, Kraft- und Stellungssinn, bezieht sich auf die Lage- und Bewegungsempfindung, die nicht durch das Sehen vermittelt wird. Durch mannigfaltige Erfahrungen automatisieren sich die Bewegungsabläufe, sodass wir ein inneres Bild dieser Abläufe und Empfindungen entwickeln. Das ermöglicht uns, auch nachts im Dunkeln ein Glas Wasser zu trinken, ohne den Mund zu verfehlen, oder beim Klatschen nicht dauernd darauf achten zu müssen, dass die Hände sich auch treffen. Durch die kinästhetische Wahrnehmung wissen wir auch ohne hinzuschauen, ob unsere Beine gebeugt oder gestreckt sind oder wo wir gerade berührt werden.

Wetter-Massage
Spiel für Teilgruppen, drinnen und draußen zu spielen
Material: Laken oder Decke
Spieldauer: 10–15 Minuten

Ein Kind wickelt sich in das Laken ein. Die anderen Kinder stehen rundherum. Das eingewickelte Kind sagt das Wetter an. Bei Nieselregen wird sanft mit den Fingerspitzen auf den Körper des eingewickelten Kindes geklopft. Regnet es dicke Tropfen, klopfen die Kinder etwas feste einem Hagelschauer wird das Klopfen noch mehr verstärkt. Bei Wind streichen die Kinder mit ihren Handflächen über den Körper des Kindes.

Wiege
Spiel für Teilgruppen oder alle Kinder
Material: Wolldecke/Turnmatte/Weichbodenmatte
Spieldauer: 10–15 Minuten

Ein Kind liegt auf der Decke. Alle anderen Kinder stehen gleichmäßig verteilt an der Kopf- und an der Fußseite, fassen die Ränder der Decke fest an, heben sie etwas hoch und wiegen das Kind hin und her. Bei einer Matte fassen die Kinder die Schlaufen.

Tipp
Wenn Sie eine Wolldecke benutzen, achten Sie auf eine weiche Unterlage, damit das Kind in der Decke sich nicht weh tut, falls die anderen die Decke etwas unsanft ablegen.

Gespenster knuddeln
Fröhliches Spiel für Teilgruppen oder alle Kinder, drinnen und draußen zu spielen
Material: großes Laken/Schwungtuch
Spieldauer: 10–15 Minuten

Ein Kind geht vor die Tür oder dreht sich um und schließt die Augen. Währenddessen verstecken sich alle unter dem Laken/Schwungtuch. Haben sich alle darunter versteckt, beginnt das Kind, die Gespenster zu knuddeln. Die Gespenster müssen dabei ganz leise sein, um sich nicht durch Kichern zu verraten. Wer doch von dem Kind erraten wird, darf als Nächster die Gespenster knuddeln.

Tipp
Manche Kinder mögen sich nicht längere Zeit still unter einem Tuch verstecken. Respektieren Sie Ängste oder Unbehagen. Lassen Sie ängstliche oder unentschlossene Kinder erst einmal zuschauen. Manche Kinder brauchen auch etwas Ermunterung oder müssen erst einmal sehen, wie das Spiel abläuft.

Marstransporter
Bewegungsspiel für die ganze Gruppe, Halle oder Wiese
alle Altersgruppen
Material: Für jedes Kind ein Sandsäckchen
Spieldauer: 5–10 Minuten

Auf dem Mars ist alles anders. Dort werden zum Transportieren nicht die Hände benutzt, dafür aber alle anderen Körperteile und die unmöglichsten Gangarten. Die Kinder finden heraus, auf welchen Körperteilen und in welcher Gangart sie ihr Sandsäckchen transportieren können.

Schmusespiele
Ruhige Spiele für Teilgruppen oder alle Kinder, auch für ganz junge Kinder geeignet
Material: keines
Spieldauer: 5–10 Minuten

Wer spaziert auf meinem Rücken?
Jeweils zwei Kinder spielen zusammen. Ein Kind liegt auf dem Bauch und versucht, die Gangart eines Tieres zu erraten, die das andere Kind auf seinem Rücken mit den Fingern vormacht. Es trippelt zum Beispiel leicht wie eine Ameise mit den Fingern über den Rücken des Kindes und fragt: „Ist das ein Elefant oder eine Ameise?" Errät das liegende Kind das Tier, wird gewechselt.

Tipp
Kinder müssen Bewegungen und Gangarten von Tieren selbst ausprobiert und erfahren haben, bevor sie sie mit den Fingern nachmachen können. Üben Sie deshalb mit den Kindern vor dem Spiel unterschiedliche Gangarten. Die Kinder bewegen sich tapsig wie ein Bär durch den Raum, hüpfen wie ein Känguru, schlängeln wie eine Schlange, flattern wie ein Vogel, kriechen wie ein Krokodil.

Formen auf den Rücken zeichnen
Spiel zu zweit für drinnen und draußen
Material: Papier, Stifte und Unterlagen
Spieldauer: 5–10 Minuten

Zwei Kinder sitzen im Schneidersitz hintereinander. Das hintere Kind zeichnet dem anderen etwas auf den Rücken, das geraten werden soll, zum Beispiel einen Kreis, ein Dreieck, ein Viereck, einen geraden oder schrägen Strich.

Tipp
Den Kindern müssen die Formen und Bezeichnungen bekannt sein. Sie müssen wissen, was gerade und was schräg ist. Auch die Begriffe senkrecht und waagerecht dürfen schon eingeführt werden.

Variation: Das Kind zeichnet auf ein Blatt Papier, was es gespürt hat.

Tennisballmassage 1
Tennisballmassagen stimulieren taktil/kinästhetische Empfindungen.
Spiel für die ganze Gruppe
Material: pro Kind ein Tennisball
Spieldauer: individuell

Die Kinder sitzen auf dem Boden. Schuhe und Strümpfe sind ausgezogen. Mit den Füßen wird der Tennisball hin und her gerollt.

Tennisballmassage 2

Die Kinder bilden Paare. Ein Kind liegt bäuchlings auf einer weichen Unterlage. Das andere Kind legt den Tennisball auf den Rücken des liegenden Kindes, legt die Handfläche auf den Ball und beginnt, mit kreisenden Bewegungen den Rücken seines Spielpartners/seiner Spielpartnerin zu massieren.

Variation: Massage mit Tischtennisbällen

Spiegelbilder

In diesem Spiel geht es um visuell/kinästhetische Anregungen.
Spiel für die ganze Gruppe, alle Altersstufen
Material: keines
Spieldauer: 5–10 Minuten

Die Kinder betrachten sich zunächst im Spiegel und erkennen, dass beim Spiegelbild die Seiten rechts und links vertauscht sind.
Im Spiel stellen sich immer zwei Partner gegenüber auf. Ein Kind ist das Spiegelbild und macht alle Bewegungen seines Gegenübers nach.

Variation: Die Kinder stehen im Kreis. Ein Kind steht in der Mitte und macht Bewegungen vor. Gelingt es den Spiegelbildkindern, die Bewegungen nachzumachen? Im Kreis ist das gar nicht so einfach.

Tipp
Werden die Bewegungen im Zeitlupentempo ausgeführt, hat das „Spiegelbild" es leichter beim Nachmachen.

Fakirprüfung

Lustiges Spiel für die ganze Gruppe, alle Altersgruppen
Material: Schmierseife, dicke Plastikfolie, Brett, Bücher, Eiswürfel, getrocknete Hülsenfrüchte, Bürste
Spieldauer: 60 Minuten

Die Fakirausbildung ist zu Ende. Um ein echter Fakir zu sein, müssen die Kinder nur noch die Prüfung bestehen. Aber die kann nur im Sommer stattfinden. Die angehenden Fakire sollen verschiedene Aufgaben bewältigen. Die Stationen dafür sind draußen aufgebaut:
- auf einer Schmierseifenfolie bäuchlings rutschen,
- mit einer Massagebürste sich den Rücken bürsten lassen,
- im Liegen ein Brett quer über den Körper legen und darauf Bücher stapeln lassen,
- Eiswürfel über den Bauch und den Rücken runterrutschen lassen,
- getrocknete Erbsen oder Bohnen auf den Körper fallen lassen.

Armtick

Ruhiges Spiel, Kleingruppe 6–10 Kinder, im Haus und im Freien zu spielen
Material: keines
Spieldauer: 10 Minuten

Die Kinder sitzen oder stehen im Kreis. Alle haben ihre Ärmel hochgeschoben. In der Kreismitte steht der „Ticker". Ein Kind kommt zu ihm und schließt die Augen. Jetzt wird es vom „Ticker" sanft am Arm berührt. Nach einer kurzen Weile legt es seine Hand auf die berührte Stelle. Die anderen Kinder passen gut auf und legen ihre Hand ebenfalls auf diese Stelle an ihrem Arm. Nach einigen Durchgängen kommt ein anderer „Ticker" an die Reihe.

Matschbaustelle

Spiel für einzelne Kinder oder Teilgruppe, draußen zu spielen
Material: Schaufeln, Eimer
Spieldauer: individuell

Im Sommer heben die Kinder einen kleinen Graben aus und füllen ihn mit Wasser. Wer mag, kann hier nach Herzenslust matschen, sich in den Graben hineinsetzen oder sich von den anderen Kindern mit Matsch einreiben lassen.

Kastanienbad

Spiel für einzelne Kinder oder Teilgruppe, alle Altersgruppen
Material: aufblasbares Planschbecken, Kastanien, Bucheckern, Eicheln
Spieldauer: individuell

Im Herbst bringen die Kinder von einem Spaziergang Waldfrüchte mit. Sie werden in ein kleines Planschbecken gefüllt. Die Kinder können sich hineinsetzen, mit den Füßen hindurchwaten, die Hände darin vergraben und die Formen fühlen ...

Walze

Spiel für die ganze Gruppe, Halle
Material: Matten
Spieldauer: 5 Minuten

Alle Spieler legen sich dicht nebeneinander auf die Matte. Die Köpfe zeigen in die gleiche Richtung. Auf ein Startzeichen hin setzt sich die Walze rollend in Bewegung, d. h. alle Kinder drehen sich nach rechts oder links.

Variation: Förderband

Die Kinder liegen dicht nebeneinander auf der Matte. Ein Kind liegt lang ausgestreckt quer auf ihren Rücken. Das Förderband beginnt zu rollen und transportiert das Kind ans Ende der Matte.

Hexe

Ruhiges Spiel für die ganze Gruppe, Halle
Material: Feder, weiches Bändchen, Fellstück ...
Spieldauer: 5–10 Minuten

Alle Kinder liegen auf dem Boden. Die Augen sind geschlossen; sie „schlafen" tief und fest. Das ist auch gut so, denn die böse Hexe versucht, beispielsweise mit einer Feder die Kinder wachzukitzeln. Wer aufwacht und kichert, kommt in den Backofen und wird gebacken. Von Zeit zu Zeit wird der „Braten", also das betreffende Kind, gewendet, damit er von allen Seiten knusprig wird.

Einbein-Wettkampf

Bewegungsspiel für die ganze Gruppe, ältere Kinder, Sandkiste
Material: keines
Spieldauer: individuell

Die Kinder stehen sich in der Sandkiste paarweise gegenüber. Sie stehen auf einem Bein, haben die Arme verschränkt und versuchen, sich gegenseitig wegzuschieben.

Zwergengewichte

Ruhiges Spiel für 6–10 Kinder, alle Altersstufen
Material: unterschiedliche Gewichte oder kleine Dosen/Kästen mit unterschiedlich schwerem Inhalt
Spieldauer: 15–20 Minuten

Bei den Zwergen sind die Gewichte durcheinander geraten. Die Gewichte stehen in der dunklen Höhle und müssen dringend neu sortiert werden. Ein „Zwerg" versucht nun, mit geschlossenen Augen die Gewichte in die richtige Reihenfolge zu bringen. Zuerst kommen die leichten Gewichte, dann die schweren.

Tipp
Füllen Sie die Dosen randvoll, damit die Kinder bei weiteren Spieldurchgängen nicht versuchen, diese nach Geräuschen zu sortieren.

Dekorateur

Witziges Spiel für die ganze Gruppe, alle Altersgruppen
Material: keines
Spieldauer: 10 Minuten

Im Kaufhaus sollen die Schaufenster neu gestaltet werden. Es ist gerade eine Lieferung Schaufensterpuppen, das sind alle Mitspieler, eingetroffen. Ein Kind ist der Dekorateur. Er formt seine Mitspieler, bis ihm die „Schaufenster" gefallen.

Tipp
Die Schaufenster können unterschiedliche Themen haben; ein Fenster für die Sportabteilung – Puppen in Sieger-, Lauf- oder Wurfpose, Tennisspieler, ein anderes Fenster für die Bettenabteilung ...

Was heißt hier lecker? – Geschmack ist verschieden!
Spiele zum Schmecken (der Geschmackssinn)

Auf der Zunge und in der gesamten Mundhöhle befinden sich Geschmacksknospen, die uns die Geschmacksempfindungen vermitteln. Sie reagieren nur auf wasserlösliche Stoffe. Um feste Nahrungsmittel, zum Beispiel ein Stück Schokolade zu schmecken, reicht es deshalb nicht, es nur auf die Zunge zu legen. Erst durch Lutschen oder Kauen wird der notwendige chemische Verwandlungsprozess ausgelöst. Die vier Grundqualitäten der Geschmacksempfindung werden an unterschiedlichen Stellen der Zunge wahrgenommen:
- süß, salzig: vorwiegend an der Zungenspitze
- sauer: vorwiegend am Zungenrand
- bitter: vorwiegend am Zungengrund

Geruchs- und Geschmackssinn stehen in einer engen Verbindung.

Cocktailbar
Spiel für die ganze Gruppe
Material: Obst und Gemüse, Presse/Entsafter
Spieldauer: 30-40 Minuten

Die Kinder stellen frische Obst- und Gemüsesäfte her. Mit geschlossenen Augen wird getestet, wie die Säfte schmecken. Die Unterschiede werden beschrieben. Am Schluss können die Kinder an der Coctailbar ihren Lieblingssaft bestellen.

Geschmackstester
Spiel für die ganze Gruppe
Material: rohe Gemüsesorten – Wurzeln, Erbsen, Kartoffeln, Sellerie, Kohlrabi, Steckrüben, Spargel
Spieldauer: 20–30 Minuten

Viele Kinder kennen oder mögen nur wenige Gemüsesorten. Durch dieses Spiel können sie ihre Geschmackserfahrungen erweitern.

Die Kinder zerkauen langsam nacheinander die Gemüsekostproben, spüren dem Geschmack nach. Anschließend beschreiben sie, was sie geschmeckt haben.

Variation:
Die Kinder probieren
- verschiedene Salatsorten: Kopfsalat, Eisbergsalat, Feldsalat, Rucolasalat ...,
- verschiedene Jogurts: mit Erdbeere, Kirsche, Banane, Maracuja, Vollmilchjogurt, Magermilchjogurt,
- verschiedene Puddinge: Wackelpudding mit Waldmeister, Wackelpudding mit Himbeere, Vanillepudding, Schokoladenpudding, Grießpudding, Brotpudding.

Lebensmitteltester
Spiel für die ganze Gruppe
Material: verschiedene Lebensmittel als Kostproben, z. B. Obstsorten
Spieldauer: 15–20 Minuten

Bereiten Sie kleine Kostproben verschiedener Obstsorten vor. Die Kinder testen mit verbundenen Augen, ob sie alle Sorten herausschmecken können.

Variation: verschiedene Getränke probieren: Milch, Kakao, Mineralwasser, Orangensaft, Apfelsaft

Tipp
Betrachten Sie mit den Kindern vor dem ersten Spiel die verschiedenen Obstsorten. Die Kinder erzählen dazu, wie sie schmecken. Spielen Sie das Spiel von Zeit zu Zeit. Können die Kinder allmählich die Lebensmittel herausschmecken, ohne sie vorher zu sehen?

Trockene Zunge
Spiel für die ganze Gruppe
Material: Zucker
Spieldauer: 10 Minuten

In diesem Spiel erfahren die Kinder, dass die Zunge feucht sein muss, damit die Geschmacksknospen arbeiten können.

Die Kinder tupfen sich die Zunge trocken und streuen etwas Zucker auf die trockene Stelle. Plötzlich schmeckt Zucker gar nicht mehr süß. Aber wie schmeckt er jetzt?

Wasserzauber

Spiel für die ganze Gruppe
Material: Wasser, Pipette, Salz
Spieldauer: 10–20 Minuten

In diesem Spiel erfahren die Kinder, dass die Geschmacksknospen auf der Zunge unterschiedlich verteilt sind. Die Geschmacksknospen für den salzigen Geschmack befinden sich vorne an der Zungenspitze.

Salzwasser schmeckt nicht immer salzig. Das kann nicht sein, werden die Kinder sagen. Sie treten den Beweis an. Teilen Sie die Kinder in zwei Gruppen. Eine Gruppe wird schmecken, dass das Wasser salzig ist, die andere Gruppe wird trotz Kostprobe eine andere Wahrnehmung haben. Träufeln Sie mit einer Pipette der einen Gruppe das Salzwasser auf die Zungenspitze. Die Kinder werden bestätigen: Das schmeckt salzig.
Träufeln Sie dann der anderen Gruppe das Salzwasser ganz hinten auf die Zunge. Nanu, hier schmeckt es nicht salzig! Besprechen Sie mit den Kindern, wie die unterschiedliche Wahrnehmung zustande kommt.

Geschmacksforscher

Spiel für die ganze Gruppe
Material: Wattestäbchen, Schälchen, Lebensmittel in den vier Geschmacksqualitäten süß, salzig, sauer, bitter, zum Beispiel: Zucker, Honig, Zitronensaft, Pampelmuse, Gewürzgurke, Senf, Ketchup, Wermuttee aus der Apotheke
Spieldauer: 30–40 Minuten

In diesem Spiel lernen die Kinder, an welchen Stellen der Zunge sie die Geschmacksempfindungen süß, salzig, sauer und bitter wahrnehmen.

Zerkleinern Sie mit den Kindern nacheinander die Lebensmittel und füllen Sie jedes separat in ein kleines Schälchen. Die Kinder erforschen, an welcher Stelle der Zunge sie jeweils den Geschmack wahrnehmen. Dazu tauchen sie ein Wattestäbchen in das entsprechende Schälchen und benetzen damit nacheinander die Zungenspitze, den Zungenrand und den Zungengrund. Jedes Mal spüren die Kinder ihrer Geschmackswahrnehmung intensiv nach.

Tipp

Die Geschmacksqualität „bitter" wird allgemein als unangenehm empfunden. Stellen Sie es den Kindern deshalb frei, ob sie den Wermuttee probieren wollen. Achten Sie auch darauf, keine zu scharfen Nahrungsmittel anzubieten, zum Beispiel Meerrettich oder scharfen Senf.

Zwiebelmonster

Spiel für die ganze Gruppe
Material: Zwiebelscheiben
Spieldauer: 5–10 Minuten

In diesem Spiel erleben die Kinder, dass Geschmack und Geruch sich gegenseitig beeinflussen.

Welches Kind mag schon gerne rohe Zwiebeln? Das mutige Zwiebelmonster behauptet, dass es sich eine Zwiebelscheibe auf die Zunge legen kann, ohne dass es unangenehm schmeckt. Das Zwiebelmonster hält sich die Nase zu und legt sich eine Zwiebelscheibe auf die

Zunge. Erstaunlich, es schmeckt kaum etwas von der Zwiebel, weil die Geruchswahrnehmung durch das Zuhalten der Nase ausgeschaltet ist.

Brottester
Spiel für die ganze Gruppe
Material: Roggenbrot, Weizenbrot, Vollkornbrot, Weißbrot, Mischbrot, Kärtchen mit den Namen und Abbildungen der Brotsorten
Spieldauer: 20–30 Minuten

Zunächst wird das Brot betrachtet. Welche Farbe hat es? Ist es eher weich oder fest? Dann werden die verschiedenen Sorten nacheinander probiert, jeweils ein kleines Stück. Die Kinder vergleichen zunächst immer zwei Brotsorten miteinander. Welchen Unterschied schmecken sie zwischen Weißbrot und Vollkornbrot? Schmecken Brote, die ähnlich aussehen, auch gleich?

Tipp
Bevor die Kinder die unterschiedlichen Brotsorten probieren, sollten die verschiedenen Getreidearten aus direkter Anschauung oder aus Erzählungen und von Bildern her bekannt sein. Auf diese Weise kann das Kind vielfältige Verknüpfungen im Gehirn herstellen und mit dem Namen des Brotes etwas verbinden.

Im zweiten Durchgang gibt es ein Ratespiel: Die Brotsorten werden in kleine Würfel geschnitten und auf verschiedene Teller verteilt. Unter jedem Teller liegt der Name der Brotsorte. Jedes Kind nimmt sich mit geschlossenen Augen von einem Teller ein Stück Brot und probiert es. Findet es die Sorte heraus?

Variation: Das gleiche Spiel wird mit unterschiedlichen Brötchensorten gespielt.

Süß, süßer, am süßesten
Spiel für die ganze Gruppe
Material: Bananenbrei, Zucker, Schälchen, Löffel
Spieldauer: 10–20 Minuten

Durch unsere vielfach aufbereiteten Lebensmittel nehmen Kinder Nuancen in einer Geschmacksrichtung oft nicht mehr wahr. Dieses Spiel macht sensibel für die unterschiedlichen Nuancen einer Geschmacksrichtung.

Eine Banane wird zu Brei zerdrückt. Die Kinder verteilen den Brei auf drei Schälchen. Im ersten Schälchen bleibt der Brei ohne Zusatz. Dem Brei im zweiten Schälchen wird ein halber Teelöffel Zucker zugegeben und verrührt, dem Brei im dritten Schälchen ein Teelöffel Zucker. Wie verändert sich der Geschmack? Wird die Süße unterschiedlich wahrgenommen? Kommt der typische Bananengeschmack noch zur Geltung?

Variation: Wenn die Kinder erkannt haben, wie unterschiedlich süß schmecken kann, lassen Sie sie individuell erfahren, wie wenig Zucker zugefügt werden muss, damit der Geschmack des Bananenbreis sich ändert.

Was schmeckt mir?
Spiel für vier bis sechs Kinder in der Küche, im Gruppenraum alle Kinder
Material: Äpfel, Zucker, Zimt, Zitronensaft (auf 500 Gramm Obst 1/8 bis 1/4 Liter Wasser), Fotos oder Zeichnungen der Geschmackszutaten
Spieldauer: 60 Minuten

Kindern ist oft der ursprüngliche Geschmack einer Speise nicht mehr vertraut. Hier haben sie Gelegenheit zu testen, wie Zutaten den Geschmack von Speisen verändern.

Wie die Großen in der Küche zu arbeiten, ist für alle Kinder ein Vergnügen. Gehen Sie mit einer kleinen Gruppe in die Küche, um Apfelmus zu kochen. Zunächst werden die Äpfel geschält, entkernt und zerkleinert. Anschließend werden die Apfelstücke in das kochende Wasser gegeben und der Herd heruntergeschaltet. Die Garzeit beträgt ca. 10 Minuten. Von Zeit zu Zeit rühren die Kinder das Apfelmus um.

Tipp
Mit Kindern zu kochen bedeutet, besonders auf Sicherheit und Sauberkeit zu achten. Besprechen Sie vorher die Gefahrenquellen und das Verhalten in der Küche. Der Umgang mit Sparschälern und Messern will geübt sein. Machen Sie es vor und unterstützen Sie die Kinder bei Bedarf beim Schälen und Schneiden.

Lassen Sie das Mus erkalten und füllen Sie es anschließend mit den Kindern in fünf kleine Schälchen. Die Kinder dürfen nun jeweils eine Geschmackszutat hinzufügen. Dem ersten Schälchen wird nichts hinzugefügt, dem zweiten Schälchen Zucker, dem dritten Schälchen eine Prise Zimt, dem vierten Schälchen einige Spritzer Zitronensaft und dem fünften Schälchen Zucker, Zimt und Zitronensaft. Bevor die Probierbar im

Gruppenraum für alle Kinder geöffnet wird, wird zu jedem Schälchen ein Foto oder eine Zeichnung mit der entsprechenden Geschmackszutat gelegt. Begonnen wird immer mit dem naturbelassenen Apfelmus. Besprechen Sie mit den Kindern die unterschiedlichen Geschmackswahrnehmungen.

Teespezialisten
Spiel für die ganze Gruppe
Material: verschiedene Früchtetees – Apfeltee, Pfefferminztee, Hibiskustee, Zitronentee, Kamillentee
Spieldauer: 10 Minuten

Die Kinder bereiten gemeinsam mit Ihnen die Früchtetees zu. Nach dem Abkühlen wird zunächst die unterschiedliche Farbe wahrgenommen. Aber die verrät den Tee. Deshalb probieren die Kinder die Tees mit geschlossenen Augen. Schmecken die Tees so unterschiedlich, dass sich die Sorte herausfinden lässt?

Tipp
Füllen Sie die Tees in Trinkbecher mit Deckel und Halmöffnung, damit die Kinder nicht schon am Geruch erkennen, um welchen Tee es sich handelt.

Roh und gekocht
Spiel für die ganze Gruppe, Teilgruppe in der Küche
Material: Äpfel, Birnen, Pflaumen, Karotten, Erbsen, Kohlrabi, Steckrüben, Sellerie, Schälchen
Spieldauer: 60 Minuten

In diesem Spiel können die Kinder erfahren, wie der Geschmack eines Nahrungsmittels sich durch die Zubereitung verändert.

Behalten Sie von allen Lebensmitteln so viel als Rohkost zurück, dass jedes Kind später kosten kann. Kochen Sie dann mit einer Kindergruppe jeweils die anderen Lebensmittel und lassen Sie sie etwas abkühlen.
Dann wird eine Probiertheke aufgebaut, auf der immer das rohe und das gekochte Obst bzw. Gemüse nebeneinander stehen. Die Kinder stellen im direkten Vergleich die Veränderungen und Unterschiede fest.

Variation: Kochen Sie verschiedene Gemüsesorten. Die Kinder kosten eine ungesalzene und eine gesalzene Probe.

Immer der Nase nach
Spiele zum Riechen (der Geruchssinn)

Gerüche gelangen durch die Luft zu den Sinneszellen in der Nase. Der Mensch kann etwa 4000 Gerüche voneinander unterscheiden. Wie der Geschmackssinn schützt auch der Geruchssinn den Körper bis zu einem gewissen Grad vor der Aufnahme verdorbener Speisen. Schlechte Gerüche können Übelkeit auslösen.

Gerüche sind aber auch an der Entstehung von Emotionen beteiligt. So lösen Wohlgerüche angenehme Empfindungen aus. Wer unangenehm riecht, wird hingegen schnell als unsympathisch empfunden. Und der Geruch leckerer Speisen lässt uns das Wasser im Munde zusammenlaufen.

Variation: Füllen Sie die Waldmaterialien in kleine Filmdosen. Die Kinder können damit ein Duft-Kim spielen. Beobachten Sie alle gemeinsam, wie lange sich die Düfte in den Dosen bewahren lassen.

Tipp
Gräser, Blätter, Früchte entfalten erst ihren Duft, wenn sie zerrieben oder gebrochen werden.

Wie riecht die Natur?
Spiel für die ganze Gruppe, drinnen und draußen zu spielen
Material: Mitbringsel vom Waldspaziergang
Spieldauer: 10–15 Minuten

Beim Waldspaziergang sammeln die Kinder Moos, Baumrinde, verschiedene Blätter und Gräser, Waldfrüchte, Zapfen, feuchten Waldboden, von der Sonne getrocknete Erde ...
Die Waldmaterialien werden auf einer Decke ausgebreitet und die Kinder erschnuppern die Gerüche.

Gerüche fangen
Spiel für die ganze Gruppe, draußen zu spielen
Material: keines
Spieldauer: 10–15 Minuten

Dieses Spiel sensibilisiert Kinder für die Gerüche ihrer Umwelt.

Während eines Spaziergangs durch den Wald, über die Wiese, entlang von Feldern oder durch die Straßen vereinbaren Sie mit den Kindern eine bestimmte Strecke, auf der alle ganz bewusst versuchen, Gerüche zu entdecken, zu „fangen".
Was gibt es alles zu riechen? Woher stammen die Gerüche?

Aromabeutel

Ruhiges Spiel, Kleingruppe, alle Altersstufen

Materialien:
unterschiedliche Duftmaterialien, gleichfarbige Tücher, Bänder zum Zubinden

Spieldauer:
10–15 Minuten

In diesem Spiel können Kinder Gerüche ganz bewusst wahrnehmen und herausfinden, welche Düfte sie gerne riechen.

Maximal sechs Duftmaterialien werden auf dem Tisch ausgebreitet. Die Kinder betrachten und beschnüffeln die Materialien. Jedes Kind wählt seinen „Wohlgeruch" aus und verschnürt das Duftmaterial in einem kleinen Tuch.
Die Beutel werden gemischt. Wer findet seinen „Wohlgeruch" wieder?

Variation: Jedes Kind trägt seinen Beutel an einem Band um den Hals. Alle gehen im Gruppenraum umher und beschnuppern sich.

Variation: Jeweils zwei Kinder tragen die gleichen Düfte. Wer findet seinen Partner?

Nasenbär

Fröhliches Spiel für die ganze Gruppe, Gruppenraum, Halle

Material: Stoffreste, nicht zu kurze Bänder, Duftmaterialien, Bärenmaske oder Tuch für die Augen

Spieldauer: 20–30 Minuten

Die Kinder stellen aus den Stoffresten und den Duftmaterialien kleine Duftsäckchen her und binden sie mit den Bändern fest zu. Jeweils zwei Kinder füllen ihre Säckchen mit den gleichen Duftmaterialien. Zum Spiel werden die Säckchen um die Beine gebunden. Jedes Kind sucht sich einen Platz im Raum. Der Nasenbär setzt seine Maske auf und versucht die Duftpaare herauszufinden.

Variation: Der Nasenbär sucht sich vor dem Spiel eine Duftprobe aus, die er bei sich trägt. Nun versucht er, den gleichen Duft bei einem anderen Kind zu erschnuppern.

Tipp
Zu viele Gerüche strapazieren die Nase. Platzieren Sie die Duftproben auf dem Tisch nicht zu nahe beieinander, damit die Gerüche sich nicht vermischen.

Blinder Gewürzhändler

Ruhiges Spiel für kleine Gruppen
Material: zum Beispiel Zimt, Ingwer, Anis, Muskat
Spieldauer: 10–15 Minuten

Die Kinder nehmen zuerst die Gewürze mit allen Sinnen wahr. Welche Farbe haben die Gewürze? Wie fühlen sie sich an? Wie schmecken sie? Zuletzt wird intensiv gerochen.

Ein Kind spielt den blinden Gewürzhändler. Der bekommt einen Bauchladen und hat vier unterschiedliche Gewürze im Angebot. Die anderen Kinder dürfen jetzt einkaufen. Kennt der Händler seine Gewürze gut und erkennt sie ausschließlich am Geruch?

> **Tipp**
> Beginnen Sie zunächst nur mit zwei Gewürzen und steigern Sie erst allmählich die Anzahl der Gewürze. Besprechen Sie mit den Kindern, für welche Speisen und Gerichte diese Gewürze verwendet werden, wie sie wachsen und woher sie stammen.

Immer der Nase nach

Fröhliches Spiel für die ganze Gruppe
Material: vier starke Duftquellen, zum Beispiel Parfum, Tabak, Essig, Käse, Kaffee, Seife
Spieldauer: 10–15 Minuten

Die Kinder beschnuppern intensiv die einzelnen Duftquellen. Diese werden anschließend so im Gruppenraum versteckt, dass sie nicht gesehen werden können, sondern wirklich erschnuppert werden müssen.

Die Kinder bewegen sich durch den Raum und schnüffeln überall herum, bis sie alle Düfte entdeckt haben.

Variation: Jedes Kind, das einen Duft erschnuppert hat, merkt sich das Duftversteck und setzt sich still auf seinen Platz. Haben alle Kinder einen Duft erschnuppert? Welcher Duft ist in welchem Versteck?

Variation für jüngere Kinder: Verstecken Sie eine starke Duftquelle im Raum, die die Kinder entdecken müssen.

Riechmeister

Spiel für die ganze Gruppe
Material: Gläser mit verschiedenen Flüssigkeiten wie Seifenwasser, Wasser, Früchtetee, Kaffee, Apfelsaft, Orangensaft, Coca Cola, Parfum, Essig, Öl, Rasierwasser, Zahnstocher, Alu-Folie
Spieldauer: 10 Minuten

Zeigen Sie den Kindern die Flüssigkeiten, die gleich gerochen werden sollen. Füllen Sie dann die Flüssigkeiten in Becher, die mit Folie abgedeckt werden. Stechen Sie mit einem Zahnstocher kleine Löcher in die Folie. Wer erkennt am Geruch, um welche Flüssigkeit es sich handelt?

Variation: Die Kinder versuchen Flüssigkeiten zu erschnuppern, die sie vorher nicht gesehen haben. Das ist schon viel schwieriger.

Tipp
Nicht mehr als vier Flüssigkeiten nacheinander riechen lassen. Mehr kann die Nase nicht aufnehmen. Sind einigen Kindern Flüssigkeiten und Gerüche unbekannt, lassen Sie sie vorher daran schnuppern.

Duftbeet
Aktion für die ganze Gruppe, Gelände
Material: Schaufeln, Harken, Gießkannen, Samen stark duftender Pflanzen
Spieldauer: 60 Minuten

Ein Duftbeet hat eine besonders sinnliche Dimension. Erkunden Sie mit den Kindern, an welcher sonnigen Stelle des Geländes ein kleines Duftbeet angelegt werden kann. Sie können es in Reihen anlegen oder auch spiralförmig gestalten. Für ein würziges Duftbeet eignen sich Pfefferminze, Fenchel, Salbei, Thymian oder Eberraute. Ein Duftbeet aus Blumen können sie mit Rosen, Stiefmütterchen, Steinkraut, Heliotrop und Duftsteinrich gestalten.

Gemüse schnuppern
Spiel für die ganze Gruppe
Material: verschiedene Gemüsesorten, Becher, Teller, Zahnstocher, Alufolie
Spieldauer: 10–15 Minuten

Von jeder Gemüsesorte werden kleine Stückchen in Becher gefüllt, die mit Alufolie abgedeckt werden. Mit einem Zahnstocher sticht man kleine Löcher in die Folie. Auf einem zweiten Tisch liegt jede Gemüsesorte noch einmal offen auf jeweils einem Teller bereit. Die Kinder nehmen nun an diesem Tisch „Riechproben" und stellen die Becher zu dem passenden Teller mit der gleichen Gemüsesorte.

Tipp
Lassen Sie genügend Abstand zwischen den Bechern und Tellern, damit die Gerüche sich nicht überlagern. Es ist einfacher, sich einen Geruchsbecher auszuwählen und ihn zuzuordnen, als gleich an mehreren zu schnuppern.

Mein Name, mein Duft
Aktion für die ganze Gruppe
Material: Pflanzkisten, Blumenerde, Saatgut

Jedes Kind bekommt eine Pflanzkiste und schreibt in großen Buchstaben seinen Namen hinein. In die entstehenden Vertiefungen werden die Samen der Lieblingsduftpflanze eingesät. Die Saat wird festgedrückt, mit Erde bedeckt und regelmäßig gegossen. Wann ist der eigene Namenszug zu sehen? Wie riecht mein Name?

Tipp
Beim Schreiben des Namens und auch beim richtigen Einsäen brauchen manche Kinder Hilfe. Achten Sie darauf, damit jedes Kind einen schönen Duftnamen hat.

Genießbare Gerüche
Spiel für die ganze Gruppe
Material: stark duftende Lebensmittel wie Käse, Zwiebeln, Kaffeepulver, dazu nicht essbare Gerüche wie Sand, Lavendel, Rasierwasser, Abdeckfolie, Zahnstocher
Spieldauer: 10–15 Minuten

Die stark duftenden Lebensmittel und die nicht essbaren Duftgegenstände werden in einer Duftstraße auf dem Tisch auf kleinen abgedeckten Tellern ausgelegt. In die Abdeckfolie sind mit den Zahnstochern kleine Löcher gestochen worden.
Können die Kinder die „genießbaren" Gerüche herausfinden?

Tipp
Wir gewöhnen uns schnell an Gerüche und nehmen sie dann nicht mehr wahr. Deshalb können die Kinder zwischendurch einmal an die „frische Luft" gehen, damit sie die Gerüche wieder bemerken.

Gerüche und Gefühle

Spiel für die ganze Gruppe
Material: intensive Duftquellen, die zufällig wahrgenommen werden
Spieldauer: 5–10 Minuten

Gerüche und Gefühle sind oft eng miteinander verbunden. Auch Kindergartenkinder erinnern sich bei bestimmten Gerüchen an die damit verbundenen Situationen.
Dieses Spiel können Sie immer dann spielen, wenn intensive Gerüche wahrgenommen werden können.

Aus der Küche dringt der Geruch von Pfannkuchen: Was fällt euch ein, wenn ihr Pfannkuchen riecht? Die Wiese ist gemäht und das Heu duftet stark. Wie gefällt euch der Geruch? Erinnert er euch an etwas?

Variation: Sie bringen ganz bewusst eine Duftquelle mit, zum Beispiel einen Tannenzweig, und lassen die Kinder daran schnuppern. Was fällt den Kindern bei dem Geruch ein? Die Kinder erzählen sicher ganz unterschiedliche Geschichten. Vielleicht entdecken sie auch selbst andere Gerüche, die sie mit Erinnerungen verbinden.

Tipp
Weitere Duftquellen, die oft mit Gefühlen verbunden werden, sind zum Beispiel Tannenzweige, frisch gebackener Kuchen, Babyöl und Sonnencreme.

Gruppenduft

Spiel für Teilgruppen, alle Gruppenräume
Material: Tücher für die Augen
Spieldauer: 5–10 Minuten

Im Kindergarten gibt es mehrere Gruppenräume. Erkennen wir unseren Raum auch am Geruch? Nutzen Sie die Zeit, zu der die Gruppenräume einmal leer sind. Einige Kinder werden von Ihnen mit verbundenen Augen durch die Räume geführt. Ist es möglich, den eigenen Gruppenraum am Geruch zu erkennen?

Stille hören – ich bin ganz Ohr
Spiele zum Hören (der Hörsinn)

Durch den Hörsinn, das auditive Sinnessystem, können wir Geräusche, Töne, Klänge unterscheiden. Kinder lernen wahrzunehmen, ob ein Geräusch nah oder fern, laut oder leise ist. Sie lernen, aus dem Stimmengewirr die Stimmen ihrer Freundinnen und Freunde herauszuhören. Das auditive System ist aber auch die Grundlage für das Sprechenlernen und für Kommunikation. Das Ohr ist der Sitz des Hörsinnes.

Flüstermonster
Ruhiges Spiel für die ganze Gruppe, im Haus und im Freien zu spielen, alle Altersgruppen
Material: keines
Spieldauer: 10 Minuten

Die Kinder sitzen im Kreis. Ein Kind hockt mit geschlossenen Augen in der Mitte. Ein anderes schleicht sich leise an und flüstert: „Ich bin das Flüstermonster." Das Kind in der Mitte muss erraten, wer das Flüstermonster ist.

Geräusche in unserem Kindergarten
Spiel für die ganze Gruppe, im Haus und im Freien zu spielen, alle Altersgruppen
Material: keines
Spieldauer: 10 Minuten

Einzelne Geräusche werden oft erst wahrgenommen, wenn die Aufmerksamkeit bewusst auf das Hören gelenkt wird: das Ticken der Uhr, das Rauschen der Heizung, das Vogelgezwitscher, das Lachen und Rufen in den anderen Gruppen, die vorbeirauschenden Autos.
Die Kinder setzen oder legen sich hin. Wer mag, schließt die Augen. Welche Geräusche gibt es in unserem Kindergarten? Sie können die Wahrnehmung auf draußen oder drinnen lenken oder einfach abwarten, welche Geräusche die Kinder wahrnehmen.

Tipp
Sprechen Sie hinterher mit den Kindern über ihre Wahrnehmungen. Haben alle die gleichen Geräusche gehört?

Mein Körper macht Musik

Spiel für die ganze Gruppe, drinnen und draußen zu spielen, alle Altersgruppen
Material: Stethoskop
Spieldauer: 10 Minuten

Kinder beschäftigen sich gern mit ihrem Körper. Hat unser Körper auch Klänge? Das ist für sie eine interessante Frage. Die Kinder halten sich die Ohren zu und nehmen dabei das Rauschen in den Ohren wahr. Sie können gegenseitig das Schlagen ihrer Herzen hören oder mit einem Stethoskop die Geräusche im Darm und Bauch abhören.

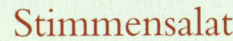

Stimmensalat

Spiel für die ganze Gruppe oder Teilgruppen, Gruppenraum, für Kinder ab ca. fünf Jahren
Material: keines
Spieldauer: 10 Minuten

Einige Kinder verlassen den Raum. Die anderen teilen einen Satz unter sich auf, z. B.: In der nächsten Woche machen wir einen Ausflug in den Zoo. Jedes Kind erhält ein Wort. Während alle Kinder ihre Wörter durcheinander sagen, versucht die andere Gruppe den Satz herauszu„hören".

Wenn Sie das Spiel mit jüngeren Kindern spielen wollen, bilden Sie ganz kurze Sätze wie: Rons Hose ist blau.

Klappergeist

Spiel für die ganze Gruppe, alle Altersgruppen, Gruppenraum, Halle
Material: keines
Spieldauer: 5-10 Minuten

Die Kinder sitzen oder liegen mit geschlossenen Augen auf dem Boden. Ein Kind macht an einer Stelle des Raumes ein Geräusch. Es klopft zum Beispiel an die Wand oder an die Scheibe, klappert mit der Jalousie oder denkt sich etwas anderes aus. Die Kinder zeigen an, aus welcher Richtung das Geräusch kommt und mutmaßen, was der Klappergeist gemacht hat.

Tipp
Wählen Sie Sätze aus, die mit dem aktuellen Leben der Kinder zu tun haben. Das macht mehr Spaß und erleichtert die gedankliche Zuordnung.

Tipp
Jüngere Kinder müssen manchmal länger überlegen, welche unterschiedlichen Geräusche sie machen können. Spielen Sie in der ersten Spielrunde den Klappergeist, damit die Kinder Anregungen für Geräusche bekommen.

Spinne

Spiel für die ganze Gruppe,
Gruppenraum,
alle Altersstufen
Material: Bierdeckel
Spieldauer: 10 Minuten

Die Spinne sitzt mit geschlossenen oder verbundenen Augen in ihrem Netz in der Mitte des Raumes. Jedes Kind erhält wenigstens einen Bierdeckel. Nach und nach lassen die Kinder in der Nähe der Spinne ihre Bierdeckel fallen. Am Geräusch ortet die Spinne ihre Beute und versucht, sie zu fangen.

Alltagsgeräusche

Spiel für die ganze Gruppe, drinnen, alle Altersstufen
Material: Kassettenrecorder
Spieldauer: 10–15 Minuten

Dieses Spiel eignet sich gut, um Kinder den Unterschied des Hörens mit offenen und mit geschlossenen Augen deutlich zu machen.

Nehmen Sie verschiedene Geräusche auf, z. B. das rauschende Duschwasser, den tropfenden Wasserhahn, die tickende Uhr, einen Reißverschluss, der geöffnet wird, Papier, das zerrissen wird, das Schneidegeräusch einer Schere, den brodelnden Wasserkocher, das Läuten des Telefons und der Türklingel. Die Kinder erraten die jeweiligen Geräusche.

Tipp

Achten Sie bei Hör-Spielen mit dem Kassettenrecorder darauf, dass die Pausen zwischen den Geräuschen lang genug sind. Lassen Sie jedes Geräusch mehrmals hintereinander erklingen.

Kinderstimmen

Spannendes Spiel für die ganze Gruppe, drinnen, alle Altersstufen
Material: Kassettenrecorder
Spieldauer: 15–20 Minuten

In diesem Spiel erfahren die Kinder, dass ihre Stimme auf dem Kassettenrecorder ganz anders klingt, als sie sich selbst hören.

Jedes Kind der Gruppe spricht etwas auf den Kassettenrecorder. Dann wird die Kassette abgehört. Werden die Stimmen der Kinder erraten und wie klingt die eigene Stimme?

Tipp

Kinder lieben es, Quatschsätze auf Band zu sprechen. Machen Sie vorweg eine „Quatschrunde", damit nicht nur Gegacker und Gelächter auf dem Band ist.

Mein Kindchen, komm nach Haus

Heiteres Spiel für die ganze Gruppe, alle Altersstufen
Turnhalle, Eingangshalle oder im Freien
Material: Tuch für die Augen
Spieldauer: 10 Minuten

In diesem Spiel üben die Kinder, die Richtung zu erkennen, aus der ein Geräusch oder eine Stimme kommt.

Mutter oder Vater rufen das Kind zum Abendessen. Das Kind spielt auf der gegenüberliegenden Seite des Raumes. Es ist schon dunkel, dem Kind werden die Augen verbunden. Um nach Hause zu kommen, muss das Kind durch den Wald gehen.
Der Wald besteht aus den anderen Kindern, die sich im abgegrenztem Spielfeld verteilen und einen festen Platz einnehmen.
Die Mutter/der Vater ruft das Kind nun immer wieder bei seinem Namen. Das Kind folgt dem Klang der Stimme durch den Wald. Immer, wenn es einem Baum zu nahe kommt, murmelt dieser: „Baum, Baum, Baum ..." Das Kind muss versuchen, möglichst wenig anzustoßen.

Tipp
Manche Kinder mögen es nicht, wenn ihnen die Augen verbunden werden. Sie dürfen sich mit geschlossenen Augen ihren Weg suchen.

Hast du Töne?
Aktionsspiel für die ganze Gruppe, alle Altersstufen
Gruppenraum oder Gelände
Material: klingende Alltagsgegenstände aus unterschiedlichen Materialien
Spieldauer: 30 Minuten

Bauen Sie im Gruppenraum oder draußen Stationen auf. An jeder Station befinden sich Dinge aus dem gleichen Material, zum Beispiel aus Kunststoff Eimer und Becher, aus Metall Gießkannen, Triangel und Schneebesen, aus Holz Kochlöffel und Äste, aus Papier/Pappe Pergamentbeutel und Waschmittelverpackungen.
Die Kinder gehen an die verschiedenen Stationen. Dort erzeugen und entdecken sie Geräusche und lauschen den Tönen und Klängen nach.
Im Kreis werden anschließend die unterschiedlichen Geräusche vorgeführt und über die Wahrnehmungen gesprochen.

Variation für jüngere Kinder: Die Kinder erhalten den Forschungsauftrag festzustellen, welche Töne zum Beispiel in der Wand, im Eimer, im Tisch oder in der Matratze stecken.

Mutter Kuh ruft ihre Kinder

Aktionsspiel für die ganze Gruppe
Halle oder Gelände
Material: Tücher für die Augen
Spieldauer: 10 Minuten

Für dieses Spiel werden zwei bis vier Tierfamilien gebildet. Jede Familie erhält im Raum einen eigenen Stall. Die Muttertiere stehen im Stall, die Tierkinder spielen auf der „Weide". In der Dunkelheit rufen die Muttertiere mit entsprechenden Tierlauten ihre Kinder heim. Die Kinder versuchen, aus dem Stimmengewirr die Stimme ihrer Mutter herauszuhören und mit geschlossenen oder verbundenen Augen den Weg in den Stall zu finden.

> **Tipp**
> Je jünger die Kinder sind, desto weniger Tierfamilien sollten es sein.

Geräusche erfinden

Aktionsspiel für die ganze Gruppe, alle Altersstufen
Gruppenraum oder im Freien
Material: Instrumente oder beliebige Alltagsutensilien
Spieldauer: 15–20 Minuten

Sie erzählen eine Geschichte oder geben eine Spielhandlung vor. Die Kinder erfinden dazu passend mit ihren Instrumenten oder den verschiedensten Materialien Geräusche, zum Beispiel unheimliche Geistergeräusche, Türen klappen, Motorgeräusche.

Variation: Die Kinder vertonen Gedichte.

Musikalische Gläser

Experimentierspiel für die ganze Gruppe, alle Altersstufen
Gruppenraum oder Gelände
Material: Flaschen, Gläser, Vasen, Wasser, Kochlöffel, Besteckteile, Holzstöckchen
Spieldauer: 10–15 Minuten

Viele verschiedene Gläser und Flaschen werden unterschiedlich hoch mit Wasser gefüllt. Die Kinder schlagen mit Kochlöffeln, Holzstöckchen oder Besteckteilen an die Gläser und Flaschen und erzeugen Tonfolgen.

Hör-Memory

Spiel für Teilgruppen, alle Altersstufen
Gruppenraum
Material: Filmdosen, Reis, Linsen, Büroklammern, Murmeln usw.
Spieldauer: 5–10 Minuten

Je zwei Filmdosen werden mit den gleichen Materialien gefüllt. Die Kinder versuchen durch Schütteln der Dosen die Paare mit dem gleichen Inhalt herauszufinden.

Tipp
Nummerieren Sie die Dosen und notieren Sie auf einer Liste, welche Nummern zusammengehören.

Indianerschule

Spiel für die ganze Gruppe, alle Altersstufen
Gruppenraum, Halle oder Gelände
Material: Tuch für die Augen, Zauberschnur, um einen Kreis zu legen, kleine Gegenstände
Spieldauer: 10 Minuten

Die Indianerkinder haben heute „Anschleichunterricht". Ein „Lauschposten" sitzt mit geschlossenen oder verbundenen Augen in einem Kreis von ungefähr fünf Metern Durchmesser. Die Indianerkinder schleichen sich einzeln nacheinander aus größerer Entfernung an, legen einen Gegenstand in den Kreis und schleichen wieder zurück. Hört der „Lauschposten" etwas, ruft er: „Halt".

Tipp
Den Indianerkindern ist jede Art von Fortbewegung erlaubt. Sie dürfen kriechen, robben, auf Zehenspitzen gehen …

Geschichtenerzähler

Spiel für die ganze Gruppe, ältere Kinder
Gruppenraum
Material: Bänder, Tücher oder Bausteine zum Wegnehmen
Spieldauer: 10–15 Minuten

Bei diesem Spiel üben die Kinder das genaue Hinhören und trainieren ihre Reaktionsfähigkeit auf auditive Reize. Alle Kinder sitzen im Kreis. In der Mitte liegen die Bänder oder Bausteine. Es ist ein Band/Baustein weniger vorhanden als Kinder mitspielen. In der Geschichte, die Sie gleich erzählen werden, gibt es ein Zauberwort, das Sie mit den Kindern vereinbaren, zum Beispiel schwarz, weiß, über, unter, Auto, Teddybär. Hören die Kinder das Wort, ergreifen sie blitzschnell einen Gegenstand aus der Kreismitte. Wer keinen Gegenstand abbekommt, ist der nächste Geschichtenerzähler. Er kann die Geschichte weitererzählen oder sich eine neue ausdenken.

Ich sehe was, was du nicht siehst
Spiele zum Sehen (der Sehsinn)

Der Sehsinn, das visuelle System, wird auch als Gesichtssinn bezeichnet. Über diesen Sinn erhalten wir die meisten Sinneseindrücke. Gleichzeitig ist es der einzige Sinn, den wir bewusst abschalten können, indem wir die Augen schließen. Das Sehen ist eine höchst subjektive Angelegenheit, immer abhängig vom Standpunkt des Betrachters. Jeder Erwachsene, jedes Kind wählt aus der Fülle der visuellen Reize jeweils diejenigen aus, die subjektiv für ihn/es bedeutsam sind. Und das kann für jeden etwas anderes sein.

Beeren sammeln
Aktionsspiel für die ganze Gruppe, alle Altersstufen
Halle oder größere Freifläche
Material: viele verschiedenfarbige, kleine Kugeln, je Gruppe eine kleine Kiste
Spieldauer: 10–15 Minuten

Das Spiel unterstützt die Farbwahrnehmung und die Wahrnehmung der Raum/Lage-Beziehung.

Teilen Sie die Kinder in mindestens drei Gruppen ein. Jede Gruppe erhält einen Farbnamen und sucht sich ihren Platz am Rand des Raumes oder des aufgezeichneten Spielfeldes.

Die Kiste wird an diesem Platz abgestellt. Jetzt werden alle Kugeln in die Mitte des Raumes oder Spielfeldes geschüttet. Warten Sie ab, bis keine Kugel mehr rollt. Dann sammeln die Kinder die zu ihrem Farbnamen passenden Kugeln ein und bringen sie in die Kiste. Pro Gang dürfen höchstens zwei Kugeln eingesammelt werden. Welche Gruppe findet zuerst alle Kugeln ihrer Farbe wieder und hat sie in die Kiste gebracht?

Variation: „Sachensucher"
Verteilen Sie im Raum verschiedenfarbige Gegenstände, Bälle, Legosteine, Tücher … Die Farbfamilien erhalten jeweils ein Rollbrett und suchen sich wieder einen Platz am Rand des Spielfeldes. Immer ein Kind darf einen Gegenstand holen und zum Gruppenplatz bringen. Dann ist das nächste Kind an der Reihe.

Wer fehlt?
Ruhiges Spiel für die ganze Gruppe, gut geeignet für jüngere Kinder, Gruppenraum
Material: keines
Spieldauer: 10 Minuten

Dieses Spiel fördert das visuelle Gedächtnis.

Die Kinder sitzen im Kreis. Während ein Kind vor der Tür wartet, versteckt sich ein anderes. Der leere Stuhl wird zur Seite gestellt. Wer fehlt?

Variation: Zwei Kinder im Kreis tauschen miteinander die Plätze. Welche Kinder sind das?

Tipp
Etwas schwieriger wird das Spiel, wenn zusätzlich die Plätze im Kreis getauscht werden.

In wessen Augen schaue ich?
Ruhiges Spiel für die ganze Gruppe, alle Altersstufen
Gruppenraum
Material: Pappwand oder Laken mit Löchern für die Augen
Spieldauer: 10–15 Minuten

Schneiden Sie in Stehhöhe der Kinder Löcher für die Augen in eine Pappwand, hinter der ein Kind sich verstecken kann. Bilden Sie zwei Gruppen. Die Kinder der einen Gruppe verstecken sich zunächst hinter der Wand. Ein Kind schaut durch die Löcher der Pappwand/des Lakens. Die Kinder der anderen Gruppe raten, in wessen Augen sie gerade schauen. Anschließend wird gewechselt.

Tipp
Die Kinder sollten sich schon besser kennen, wenn sie dieses Spiel spielen. Die Ratekinder betrachten vor dem Spiel die Augen der Kinder, die sich gleich hinter der Wand verstecken werden.

Dalli-Klick
Ruhiges Ratespiel für die ganze Gruppe, alle Altersstufen
Gruppenraum
Material: farbiges Tonpapier, Bilderbuch oder Bildmaterial
Spieldauer: 10–15 Minuten

Tipp
Wählen Sie Bilderbücher aus, die den Kindern gut bekannt sind oder Bildmaterial mit Alltagsgegenständen oder Abbildungen bekannter Situationen und Erscheinungen aus der kindlichen Umwelt.

In festes Tonpapier werden vier Löcher unterschiedlicher Größe geschnitten. Mit dem Tonpapier können Sie eine Bilderbuchseite oder anderes Bildmaterial abdecken, sodass nur Ausschnitte der Seite oder des Bildes sichtbar sind. Was ist auf dem ganzen Bild zu sehen? Wozu gehört der Ausschnitt, das Detail?

Variation: Festes Tonpapier wird wie ein geometrisches Puzzle auseinander geschnitten. Je mehr Teile Sie haben, desto schwieriger wird es. Die Kinder dürfen nacheinander die Puzzleteile wegnehmen. Wie schnell erraten sie, was auf dem Bild zu sehen ist?

Ich kenne mich gut
Schnelles Bewegungsspiel für jüngere Kinder
Gruppenraum oder Gelände
Material: keines
Spieldauer: 5–10 Minuten

Die Kinder bilden einen Stehkreis. Bitten Sie die Kinder, sich selbst genau zu betrachten, was haben sie heute an, wie sehen ihre Socken aus? Wissen sie, welche Farbe ihre Augen haben?
Spielverlauf: In schneller Folge werden die Kinder nach unterschiedlichen Aspekten in den Kreis gerufen: alle Kinder, die blaue Augen haben, alle Kinder mit geringelten Socken. Zwischendurch sind natürlich auch Scherzaufgaben dabei, alle Kinder mit grünen Haaren oder alle Kinder, die Omas Gebiss in der Tasche haben.

Adleraugen
Spiel für die ganze Gruppe, alle Altersstufen
Waldspaziergang oder Gelände
Material: keines
Spieldauer: Dauer des Spazierganges

Bei diesem Spiel müssen Sie sich vorher mit dem Weg oder dem Gelände vertraut machen, damit Sie Aufgaben für die „Adleraugen" zusammenstellen können.

Vor einem Waldspaziergang bekommen jeweils zwei Kinder eine Aufgabe, zum Beispiel:
- Sucht den Ameisenhaufen.
- In welchen Bäumen wohnen Vögel/wo sind die Nistkästen?
- Entdecke den Holzstapel der Waldarbeiter.
- Wie viele Wegweiser stehen an unserem Weg?

Variation: Schneiden Sie aus Zeitschriften Bilder mit Motiven aus, die auf einem Spaziergang in die Umgebung zu finden sind, wie Tankstelle, Polizei, Kirche, Briefkasten, Supermarkt, Hunde, Katzen, Fahrradfahrer, Müllauto, schwarzes, rotes, gelbes Auto. Jedes Kind erhält mehrere Karten. Hat es unterwegs ein Motiv entdeckt, gibt es die Karte ab.

Tipp
Kleben Sie die Bilder auf kleine Kärtchen und laminieren sie die Bilder, damit sie immer wieder verwendet werden können.

Gesichter weitergeben
Fröhliches Spiel für die ganze Gruppe, alle Altersstufen
Gruppenraum
Material: keines
Spieldauer: 5 Minuten

Die Gruppe sitzt im Kreis. Ein Kind macht einen bestimmten Gesichtsausdruck – lustig, erstaunt, müde, traurig … Der Ausdruck wird jetzt von Kind zu Kind im Kreis weitergegeben.

Farbenticker
Bewegungsspiel für die ganze Gruppe, alle Altersstufen
Gelände
Material: keines
Spieldauer: 10 Minuten

Ein Kind wird als erster „Ticker" bestimmt. Es ruft: „Die Farbe des Tages ist … grün!" Nun müssen alle Kinder blitzschnell weglaufen, um einen grünen Gegenstand, etwas Grünes zu berühren. Der „Ticker" versucht, ein Kind zu fangen, bevor es einen passenden farbigen Gegenstand berührt hat. Fängt er eines, so ist dieses Kind nun der „Ticker".

Farbfamilien
Ruhiges Bewegungsspiel für die ganze Gruppe, alle Altersstufen
Gruppenraum/Halle
Material: Kassettenrecorder, farbige Gegenstände (mehrere der gleichen Farbe)
Spieldauer: 5–10 Minuten

Jedes Kind hält einen farbigen Gegenstand in der Hand. Die Kinder gehen mit geschlossenen Augen zur Musik durch den Raum. Immer, wenn sie auf ein anderes Kind treffen, wird der Gegenstand getauscht. Die Augen bleiben dabei geschlossen! Stoppt die Musik, bleiben die Kinder stehen, öffnen die Augen und finden sich in Farbgruppen zusammen, alle roten Kinder, alle blauen Kinder ...

Variation: Wenn die Musik stoppt, bilden die Kinder Gruppen mit unterschiedlichen Farben: gelb, grün, blau, rot oder zwei rot, ein blau. Achten Sie darauf, dass die Farbkombinationen, die Sie ansagen, von den Kindern auch gebildet werden können.

Erinnerungsspiel
Kleines Spiel, nebenbei zu spielen
alle Altersgruppen
Material: keines
Spieldauer: individuell

Erinnerst du dich noch, was du heute Morgen auf dem Weg zum Kindergarten gesehen hast? Wer ist dir begegnet?
Weißt du, ohne hinzuschauen, welche Farbe deine Socken, deine Schuhe haben?
Hast du heute Schuhe mit Klettverschluss oder mit Schuhbändern an?
Wie sieht eure Haustür aus?
Was siehst du, wenn du deine Zimmertür vom Flur aus öffnest?

„Wiesologe"

Forscherspiel für die ganze Gruppe, alle Altersstufen
Wiese
Material: kleine Holzpflöcke, Bänder, Lupen, Stifte, Malblöcke
Spieldauer: 30–60 Minuten

Spannen Sie auf einer Wiese für jeweils zwei Kinder eine Schnur. Jedes Kind erhält eine Lupe, Stift und Malblock. Jetzt gehen die Kinder entlang ihrer Schnur auf Entdeckungsreise. Was lebt, was krabbelt, wächst oder liegt dort alles? Vom Schneckenhaus über Kleeblätter und Pusteblumen finden die Kinder allerlei. Alles, was sie entdecken, wird aufgemalt.

Tipp
Wählen Sie keine frisch gemähte Wiese aus. Dort gibt es nicht so viel zu entdecken.

Was ist denn hier verkehrt?

Bewegungsspiel für die ganze Gruppe, besonders für jüngere Kinder geeignet
Gruppenraum oder Gelände
Material: Gegenstände aus unterschiedlichen Bereichen
Spieldauer: 10–15 Minuten

Im Gruppenraum oder in einem bestimmten Gelände entdecken die Kinder Gegenstände, die nicht dorthin gehören. Im Gruppenraum zum Beispiel: Kochtöpfe in der Spielzeugecke, Kartoffeln im Frühstücksbeutel …
Im Gelände: einen Besen, der im Baum hängt, eine Melone in der Sandkiste …

Das bin ich

Spiel für die ganze Gruppe, alle Altersstufen
Gruppenraum
Material: Makulaturpapier/Tapetenrollen, Tuschkästen, Pinsel, Wasser, Filzstifte
Spieldauer: 30–60 Minuten

Die Kinder legen sich auf das Makulaturpapier und zeichnen gegenseitig ihre Umrisse auf. Anschließend zeichnen sie Augen, Nase, Mund und Ohren ein und malen das Bild entsprechend ihrer äußeren Merkmale – Augenfarbe, Haarfarbe, Kleidung – mit Wasserfarben aus.

Im Stuhlkreis werden die Bilder betrachtet, die Körperteile benannt und verglichen, z. B. große Füße, kleine Füße, und geschaut, ob alle Kinder sich richtig gemalt haben.

Der blinde Dirigent
Bewegungsspiel für die ganze Gruppe
Halle oder Gelände
Material: Tuch für die Augen, „Dirigentenstock"
Spieldauer: 5–10 Minuten

Alle Kinder bilden einen Kreis. Der Dirigent steht mit einem Taktstock und verbundenen oder geschlossenen Augen in der Mitte. Die Kinder fassen sich an den Händen und gehen im Kreis herum. Dirigiert der Dirigent mit ausgestreckten Armen vor dem Körper, bleibt die Richtung gleich. Dirigiert er aber seitlich neben dem Körper, ändern die Kinder ihre Bewegungsrichtung. Mal geht es links herum, mal rechts herum. Da muss man schon ganz genau hinschauen und aufpassen. Hebt der Dirigent beide Arme in die Luft, bleiben alle Kinder stehen.

Jetzt deutet er mit dem Taktstock auf ein Kind. Das singt mit verstellter Stimme ein Lied oder sagt einen Satz. Wird es vom Dirigenten erraten, tauschen beide Kinder die Rollen.

„Runde" Tage
Spiel für die ganze Gruppe, alle Altersstufen
im Haus und draußen zu spielen
Material: keines
Spieldauer: ein Vormittag

Verabreden Sie mit den Kindern, welcher Tag heute sein soll. Ist es der „runde" Tag, versuchen die Kinder im Laufe des Tages möglichst viele runde Dinge zu sammeln oder zu entdecken.

Wer hat die meisten Knöpfe?
Bewegungsspiel für jüngere Kinder
Gruppenraum
Material: Kassettenrecorder
Spieldauer: 5–10 Minuten

Die Kinder gehen zur Musik im Raum umher und betrachten sich gegenseitig. Für jede kurze Spielrunde gibt es eine andere Aufgabe.
- Wer hat die meisten Knöpfe?
- Wer hat die größten Füße?
- Wer hat die kürzesten Haare?

Sinnesprojekte im Kindergarten

Kinder brauchen sinnliche Erfahrungen. Spiele und Aktivitäten, die die Sinne ansprechen, sind oft Bestandteil des Kindergartentages. Von Zeit zu Zeit sollte die Förderung der Wahrnehmung aber auch einmal im Mittelpunkt stehen, sollten Projekte oder speziell gestaltete Räume die Aufmerksamkeit der Kinder gezielt auf die Sinne lenken.

Sinnesräume

Gruppenräume im Kindergarten sind komplett eingerichtet. Sie bieten Bewegungs-, Spiel- und Rückzugsmöglichkeiten, unterliegen im Hinblick auf Veränderungen aber gewissen Einschränkungen. Sie müssen aufgrund des Tagesablaufs funktional sein und können nicht für längere Zeit beliebig umgestaltet werden.

Dafür gibt es in fast jedem Kindergarten Räume, Ecken oder Nischen, die vorübergehend in Sinnesräume verwandelt werden können und so allen Kindern zur Verfügung stehen.

Ein Raum, der die Sinneserfahrung unterstützt, sollte alle Sinne ansprechen, Körper- und Bewegungserfahrungen ermöglichen, etwas zum Beriechen und Betasten haben, ungewohnte Klangerlebnisse vermitteln, die Augen zum Verweilen einladen.

Sie brauchen dazu keine teuren neuen Materialien oder Geräte. Tragen Sie im Kindergarten zusammen, was für so ein Projekt schon vorhanden ist. Das wird eine ganze Menge sein. Was Ihnen noch fehlt, kann oft vorübergehend von den Eltern zur Verfügung gestellt werden.

Materialien: Matratzen zum Hüpfen und Kuscheln, Kissen gefüllt mit unterschiedlichen Materialien und in unterschiedlicher Größe, Polster zum Bauen und Umgestalten, Felle, eine Hängematte oder ein Schaukeltuch, große Kuscheltiere, Beleuchtung in sanften Farben, eine Duftlampe, leise meditative Musik, Ball- oder Kastanienbäder (aufblasbare Planschbecken), Tastkisten für Hände und Füße, gefüllt mit Stroh, Watte, Sand, Kieseln, Murmeln, Blättern, zum Beispiel als Fußtastpfad aufgestellt, Geräusche- und Duftdosen, Chiffontücher, Glöckchen, verschiedene Bürsten, Noppenbälle, Knisterfolie, verschiedene Stoffe, Lederreste

Tipp

So ein Sinnesraum kann variabel genutzt werden. Sie können tages- oder wochenweise bestimmte Erfahrungen in den Vordergrund stellen. Bewegungsintensive Erfahrungen wechseln sich mit beruhigenden, stimmungsvollen Tagen mit meditativer Musik und die Nase verwöhnenden Dufterlebnissen ab.

Waldtage

Planen Sie – unabhängig vom Wetter – ein, zwei oder drei Waldtage.

Sinneserlebnisse in der freien Natur sind Erfahrungen, die heutzutage nicht mehr für alle Kinder selbstverständlich sind. Natur bewusst erleben, den Lebensraum von Pflanzen und Tieren entdecken, den Wald als Spiel- und Bewegungsraum erkunden spricht die Sinne in besonderer Weise an. Über Gräben springen, aus Ästen Brücken bauen, auf Bäume und Hochsitze klettern, Tiere und Pflanzen entdecken und wahrnehmen, den Geräuschen des Waldes lauschen, sich mit dem Wetter auseinander setzen – die ungestaltete Natur ermöglicht kreative Spielideen und völlig neue Sinneserlebnisse.

Spielideen: Gerüche des Waldes wahrnehmen, auf Geräusche des Waldes achten, Blätterrauschen, Vogelstimmen, knackendes Holz, Ertasten von Baumrinde, Moos, Geäst, Balancieren über Baumstämme, kleine Brücken, Steine, unterschiedliche Bäume und Blätter erkennen, sich im abgegrenzten Gelände orientieren, aus Zweigen, Ästen und Laub Höhlen bauen, mit einer Lupe Käfer und Insekten betrachten.

Vorbereitung: Erkunden Sie, wo sich in erreichbarer Nähe des Kindergartens ein geeignetes Waldstück für Ihr Vorhaben befindet. Geeignet ist ein Gelände mit kleinen Lichtungen, hohen Bäumen, die auch Regenschutz bieten können und etwas Unterholz. Holen Sie beim Forstamt/Förster die Erlaubnis ein.

Bitten Sie Eltern um Mitarbeit oder Begleitung. Bilden Sie Fahrgemeinschaften. Achten Sie auf Kleidung, die strapazierfähig ist und auch einmal schmutzig werden darf.

Klären Sie mit den Kindern, wie man sich im Wald verhält.

Material: Lupen, Ferngläser, Fotoapparat, Bestimmungsbücher, Bollerwagen, Decken oder andere Sitzgelegenheiten

Du und ich und alle zusammen
Spiele für die Entwicklung der sozialen Wahrnehmung

Bereits im Kindergarten ist zunehmend die Ich-Bezogenheit von Kindern zu beobachten. Das bleibt nicht ohne Folgen für das soziale Zusammenleben in der Gruppe. Umso wichtiger ist es, dass Kinder sich gezielt in unterschiedlichen sozialen Situationen erleben und erproben können. Sie brauchen pädagogisch gestaltete Situationen, die es ihnen unter anderem ermöglichen, sich selbst als Person wahrzunehmen und einzuschätzen, Situationen, in denen sie lernen können, mit eigenen und fremden Gefühlen umzugehen, Situationen, in denen sie die eigene Rolle in der Gruppe erkennen, Situationen, die ihnen helfen, Enttäuschungen, Ablehnung und Niederlagen auf akzeptable Weise zu verarbeiten und wichtige Regeln des Zusammenlebens kennen und beachten zu lernen.

Blindenhund
Spiel für die ganze Gruppe, alle Altersstufen, drinnen und draußen zu spielen
Material: kurze Seile
Spieldauer: 5–10 Minuten
Dieses Spiel fördert die Bereitschaft und die Fähigkeit, sich auf einen anderen einzulassen, Verantwortung für einen anderen zu übernehmen.

Die Kinder finden sich paarweise zusammen. Ein Kind spielt den Hund, das andere Kind lässt sich führen. Der „Blindenhund" hat die Leine um den Bauch gebunden, das freie Ende hält das zweite Kind fest in der Hand. Es schließt die Augen, und wird von seinem „Blindenhund" langsam und vorsichtig durch den Raum geführt. Je nachdem, wie sicher sich das geführte Kind fühlt, kann es die „Leine" kürzer oder länger lassen. Anschließend werden die Rollen getauscht.

Variation: Begegnen sich zwei „Blinde", finden sie durch Betasten des Gesichts heraus, wer der andere ist.

Tipp
Sprechen Sie nach dem Spiel mit den Kindern darüber, wie sie sich beim Führen und Geführtwerden gefühlt haben. Wie muss ich mich verhalten, damit mein Partner/meine Partnerin sich sicher fühlt? Konnte ich mich meinem „Blindenhund" anvertrauen? Wann habe ich mich sicher, wann unsicher gefühlt?

Expedition über Berg und Tal
Pantomimisches Spiel für die ganze Gruppe, alle Altersstufen, drinnen und draußen zu spielen
Material: Kreide oder Bänder
Spieldauer: 10 Minuten

Gestalten Sie mit Bändern oder Kreidestrichen eine Landschaft. Jetzt erzählen Sie eine Geschichte von einer gefährlichen Expedition über hohe Berge, durch reißende Flüsse, tiefe, enge Schluchten und schmale Pfade. Die meisten Hindernisse können nur bewältigt werden, indem die Expeditionsteilnehmer sich gegenseitig helfen. Die Kinder spielen pantomimisch die Situationen durch, fassen sich an, schieben, heben, tragen sich, ziehen sich hoch, entdecken viele Möglichkeiten, sich zu helfen.

Pirateninseln

Spiel für die ganze Gruppe, alle Altersstufen, im Haus und im Gelände zu spielen
Material: Musik, vier bis fünf grüne „Inseln" aus Pappkarton, die so groß sind, dass mehrere Kinder darauf stehen können
Spieldauer: 10 Minuten

Die Kinder tanzen zur Musik durch den Raum. Stoppt die Musik, gibt es Piratenalarm. Die Kinder retten sich auf die Inseln. Dabei umarmen sie sich und halten sich gegenseitig fest, damit niemand „ins Wasser fällt" und von den Piraten gefangen werden kann. Nach jeder Runde versinkt eine Insel im Meer. Können sich am Ende alle Kinder auf eine Insel retten? Es reicht schon, wenn alle irgendwie die Insel oder ein Kind, das auf der Insel steht, berühren.

Geschenke-Tag

Spiel für die ganze Gruppe, alle Altersstufen, drinnen und draußen zu spielen
Material: eine Wolldecke je Gruppe
Spieldauer: 10 Minuten
Bei diesem Spiel lernen die Kinder, sich in andere hineinzuversetzen und Freude zu bereiten.

Die Kinder bilden Dreiergruppen. Ein Kind liegt auf der Decke. Die beiden anderen knien an der Seite. Jedes Kind überlegt sich, was es dem Kind „schenken" kann, zum Beispiel einen Witz erzählen, den Rücken massieren oder die Füße kraulen. Sind die Geschenke verteilt, bedankt sich das beschenkte Kind und die Rollen werden getauscht.

Tipp
Die Kinder berichten später im Kreis, welche „Geschenke" sie erhalten und wie sie sich dabei gefühlt haben.

Schwierige Wahrnehmungsentwicklung

Unsere Sinne vermitteln uns Informationen über unseren Körper, über die Welt um uns herum. Wahrnehmung ist kein isolierter Vorgang eines Sinnes, sondern ein einzigartiges Zusammenspiel aller Sinne. In jedem Moment fließen zahllose Empfindungen in unser Gehirn. Das Gehirn muss all diese Sinnesempfindungen ordnen, mit Vorerfahrungen verknüpfen, interpretieren, aus vielen Teilen ein Ganzes machen.

Gelangen Sinnesempfindungen ungeordnet ins Gehirn, ist es schwierig, sie zu nutzen, um Lernprozesse und Verhaltensweisen daraus abzuleiten. Wahrnehmung ist das Ergebnis einer „verarbeiteten, integrierten" Sinnesempfindung. Werden die sinnlichen Wahrnehmungen im Gehirn schlecht verarbeitet, führt das zwangsläufig zu Schwierigkeiten im Leben der betroffenen Kinder, obwohl sie zum Beispiel gut sehen, hören oder tasten können.

Die Wahrnehmungsfähigkeit ist aber auch abhängig von einer guten Funktionsfähigkeit der Sinnesorgane. Deshalb sollten bei einem Verdacht auf Wahrnehmungsstörungen zuerst medizinische Ursachen abgeklärt werden.

Liegen Seh- oder Hörstörungen vor, helfen eine Brille oder ein Hörgerät oftmals, die Wahrnehmungsstörungen zu beheben.

Hauptursache von Wahrnehmungsstörungen ist jedoch weniger eine Schädigung der Sinnesorgane als vielmehr die eingeschränkte Fähigkeit des Gehirns, Sinneseindrücke richtig einzuordnen, wichtige Reize von unwichtigen zu unterscheiden und Verknüpfungen herzustellen.

Kinder mit Schwierigkeiten in der Wahrnehmungsentwicklung brauchen frühzeitige Unterstützung und eine spezielle Förderung. Diese Kinder zu erkennen ist auch Aufgabe von Erzieherinnen und Erziehern. Sie erleben und beobachten die Kinder in vielen unterschiedlichen Situationen. Nicht jede Auffälligkeit muss gleich eine Wahrnehmungsstörung sein. Treten jedoch bestimmte Merkmale gehäuft auf, sollten die Beobachtungen mit den Eltern besprochen werden, um bei Bedarf eine gezielte Förderung für das Kind einzuleiten.

Wie können Erzieherinnen und Erzieher Wahrnehmungsstörungen erkennen? An dieser Stelle sollen beispielhaft einige Erscheinungsformen aufgeführt werden. (Vgl. dazu Brand, Breitenbach, Maisel, Integrationsstörungen, Würzburg 1997)

Taktiler Bereich
Das Kind
- vermeidet Körperkontakt, lässt sich nur ungern anfassen und streicheln.
- kann nur schwer mit den Händen Dinge und Materialien ertasten.
- zuckt bei Berührungen zusammen.

Vestibulärer/kinästhetischer Bereich
Das Kind
- taumelt leicht mit geschlossenen Augen oder fällt aus dem Stand hin.
- hat auffällige Schwierigkeiten beim Balancieren.
- ermüdet schnell, hat nur eine kurze Ausdauer.
- benutzt beim Bauen und Basteln überwiegend eine Hand und vernachlässigt die andere Körperseite.
- kann seine Kraft nicht angemessen steuern und dosieren.
- macht leicht etwas kaputt, rennt gegen Hindernisse.
- hat Angst vor dem Rutschen und Klettern.
- zappelt und schaukelt und fällt oft vom Stuhl.
- hat Schwierigkeiten, kleine Gegenstände aufzunehmen und damit zu hantieren.
- kann nicht rückwärts gehen oder rennen.
- dreht oder schaukelt, dabei wird ihm schnell schwindelig oder übel.

Visueller Bereich
Das Kind kann zum Beispiel:
- in Bilderbüchern bestimmte Personen oder Gegenstände oft nicht entdecken.
- nur kurze Zeit etwas fixieren.
- Bewegungen nicht mit den Augen folgen.
- keine Muster nachlegen oder bauen.
- sich im Kindergarten nur schwer orientieren, Wege oft nicht wiederfinden.
- keine Farben und Formen aus einer Anordnung heraussuchen oder sie in anderen Situationen wieder erkennen.

Auditive Wahrnehmung
Das Kind kann zum Beispiel:
- sich schwer Reime und Lieder merken.
- schlecht rhythmisch sprechen oder klatschen.
- mit geschlossenen Augen eine Geräuschquelle nur schwer zuordnen.

Bücher zum Weiterlesen und nützliche Adressen

Ayres, A. Jean:
Bausteine der kindlichen Entwicklung. Die Bedeutung der Integration der Sinne für die Entwicklung des Kindes, Springer-Verlag, Berlin 1998

Biermann, Ingrid:
Spiele zur Wahrnehmungsförderung, Verlag Herder, Freiburg 2002

Jäger, Walter:
Das da draußen sind wir. Bausteine einer Pädagogik der Wahr-nehmung, verlag modernes lernen, Dortmund 1997

Meier, Christine/Richle, Judith:
Sinn-voll und alltäglich. Materialiensammlung für Kinder mit Wahrnehmungsstörungen, verlag modernes lernen, Dortmund 2001

Schaefgen, Rega:
Sensorische Integration. Eine Elterninformation zur sensorischen Integrationstherapie, Phänomen-Verlag, Lüchow 2000

Zimmer, Renate:
Handbuch der Sinneswahrnehmung, Verlag Herder, Freiburg 2002

Zimmer, Renate:
Sinneswerkstatt. Projekte zum ganzheitlichen Leben und Lernen, Verlag Herder, Freiburg 1999

Zeitschrift kindergarten heute spezial:
Wahrnehmungsstörungen bei Kindern, Hinweise und Beobachtungshilfen, Verlag Herder, Freiburg 1998

Institut für Kindesentwicklung
Fortbildungs- und Forschungsinstitut
Sozialpädiatrisches Zentrum
Mexikoring 35
22297 Hamburg
Tel.: 040-6325055
Fax: 040-6325875

http://www.ike-kindesentwicklung.de
Über die Internetadresse kann eine Liste therapeutischer Praxen nach Postleitzahlen geordnet abgerufen werden.

Deutscher Verband der
Ergotherapeuten e.V.
Postfach 2208
76303 Karlsbad
Tel.: 07248-9181-0
Fax: 07248-918171
Der Verband gibt Auskunft über wohnortnahe Ergotherapiepraxen.

Bundesweite Suchmaschine für Ergotherapiepraxen
und Therapiezentren
http://www.suche-ergotherapie.de

Kliniken

Sozialpädiatrisches Zentrum
Universitätsklinikum Charité
Augustenburger Platz 1
13353 Berlin
Tel.: 030-45066261

Sozialpädiatrisches Zentrum
Janusz-Korczak-Allee 8
30173 Hannover
Tel.: 0511-8115702

Kinderneurologisches Zentrum
Krankenhaus Gerresheim
Gräulinger Straße 120
40625 Düsseldorf
Tel.: 0211-28003555

Sozialpädiatrisches Zentrum
Kinderkrankenhaus
Amsterdamer Straße 59
50735 Köln
Tel.: 0221-8907-5567

Kinderklinik Höchst
Sozialpädiatrisches Zentrum
Gotenstraße 68
65929 Frankfurt/M.
Tel.: 069-31062070

Frühförderzentrum Mosbach
Sozialpädiatrisches Zentrum
Heidelbergerstraße 20
74821 Mosbach-Neckarelz
Tel.: 06261-9715-0

Sozialpädiatrisches Zentrum
Konstanz
Luisenstraße 7
78464 Konstanz
Tel.: 07531-8011677

Sozialpädiatrisches Zentrum im
Kinderzentrum München
Heiglhofstraße 63
81377 München
Tel.: 089-71009-0

Frühdiagnosezentrum
Josef-Schneider-Straße 2
97080 Würzburg
Tel.: 0931-280824-201

Material:

Wahrnehmungsmobil (fahrbarer Schrank) zur Stimulation und Förderung der verschiedenen Sinne bei gleichzeitiger Entspannung
www.wahrnehmungsmobil.de
Tel.: 0228-466757

Ute Hatlappa studierte Sozial- und Sonderpädagogik. Sie bildet Lehrer aus, arbeitet – im Rahmen der beruflichen Fortbildung – mit Erzieherinnen und Erziehern und schreibt regelmäßig Zeitschriftenartikel zum Thema Erziehung und Pädagogik.

© 2003 Christophorus-Verlag GmbH
Freiburg im Breisgau
www.christophorus-verlag.de

Alle Rechte vorbehalten
Printed in Germany

ISBN 3-419-53044-7

Jede gewerbliche Nutzung der Texte, Abbildungen und Illustrationen ist nur mit Genehmigung der Urheber und des Verlages gestattet. Bei Anwendung im Unterricht und in Kursen ist auf dieses Buch hinzuweisen.

Lektorat: Anima Kröger

Illustrationen: Klaus Puth

Coverfoto: Ulrich Niehoff

Fotos:
Ulrich Niehoff: Seiten 10, 16
Heidi Velten: Seiten 9, 28, 34
Miguel Perez: Seiten 22, 40
Ursula Markus: Seite 46

Umschlaggestaltung: Network!, München
Layout & Satz: Uwe Stohrer Werbung, Freiburg
Herstellung: Himmer, Augsburg 2003

Hier zeigen wir Ihnen eine Auswahl unserer beliebten und erfolgreichen Bücher – und wir haben noch viele andere im Programm. Wir informieren Sie gerne, fordern Sie einfach unser Verlagsprogramm an:

3-419-**53043**-9

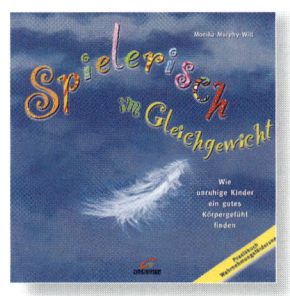

3-419-**52897**-3

Bücher für Erzieherinnen, Eltern und Kinder

Bücher für Eltern und Familie

Bücher für Kinder

Bücher für ihre Hobbys

3-419-**53041**-2

3-419-**53026**-9

Wir sind für Sie da, wenn Sie Fragen haben. Und wir interessieren uns für Ihre eigenen Ideen und Anregungen. Faxen Sie, schreiben Sie oder rufen Sie uns an.
Wir hören gerne von Ihnen!

Ihr Christophorus-Verlag

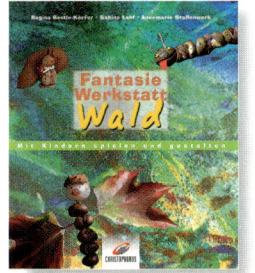

3-419-**53040**-4

3-419-**52933**-3

CHRISTOPHORUS

Hermann-Herder-Straße 4
79104 Freiburg i. Breisgau
www.christophorus-verlag.de
Telefon: 0761 / 2717 - 268 oder
Fax: 0761 / 2717 - 352

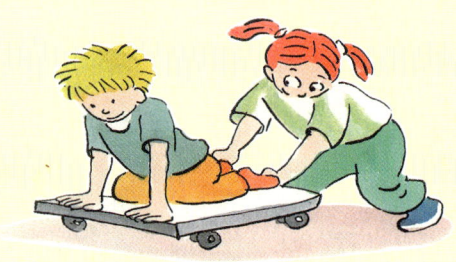